「R」で楽しく学ぶ

会計学・経営分析

真鍋明裕［著］

創 成 社

序

　会計学を学ぶ楽しみのひとつは，習得した知識を用いて実際の企業の分析を行うことではないかと思います。本書は，**読者の皆さんが会計学の基礎を理解し，企業の簡単な経営分析ができるようになること**をめざしています。このとき，本書は以下のような特徴を持っています。

1．会計学・経営分析の理論をわかりやすく解説していること
2．統計ソフト「R」を使っていること
3．数学や統計学の感覚が身につくようになっていること

　それぞれの特徴について説明しましょう。まず第1の特徴ですが，本書は読者の皆さんが**知識ゼロから学んだとしても，会計学の知識を経営分析に生かすことができる**よう，わかりやすい解説を行っています。冒頭でも述べたように，会計学の面白さは，会計数値から企業の経営状況の良し悪しがわかるところにあります。本書は会計学の知識を伝えていますが，利益計算の方法や財務諸表の内容についてたんに解説するのではなく，企業の分析を行うという目的を意識した説明をしています。したがって，**本書を読めば，会計数値のひとつひとつを実際の企業の活動と関連づけて理解できるようになる**でしょう。

　また，本書は読者の皆さんが会計学を学ぶときに，直感的に理解しにくいと思われるところについて，とくに丁寧な説明を行っています。これまで勉強して会計学がよくわからなかった皆さんも，本書を読めばきっと**「ああ，こういうことだったのか」**という発見をしていただけることと思います。

　次に第2の特徴ですが，本書は会計学・経営分析の知識を習得するための道具として，「R」という統計ソフトを使用しています。そのため，本書は会計学の内容よりも先に，Rのインストールの説明から始まっています。なぜ会計学を学ぶのに統計ソフト？と思われる方もいらっしゃるでしょう。もちろん，本書の目的はあくまで会計学・経営分析の知識の習得であって，統計ソフトの学習ではありません。しかし，この**「R」を道具として使うことで，会計学を効果的に学習することができる**のです（ちなみに，「R」はフリーソフトですので，料金はかかりません）。

　読者の皆さんには，Rを使って簡単なプログラミングを行っていただきます。これによって会計や経営分析にまつわるさまざまな計算をするのですが，自分の手を動かしてプログラミングをすることで，自分が今どんな計算をしているのかを，はっきりと意識することができます。そして，これが会計学・経営分析のより確かな理解につながるのです。会計学や経営分析は，理論を聞いただけではよく理解できないところもあります。しかし，自分で計算を行えば，理

論の内容を実感としてはっきり理解することができることでしょう。プログラミングと聞くと何だか専門的な技術のようで難しそう，と思われるかもしれませんが，本書に書いてあるとおりにすすめれば誰でもできますので，心配はいりません。

　最後に，第3の特徴ですが，本書を用いて会計学・経営分析を学べば，知らず知らずのうちに数学や統計学で必要とされるデータ処理の感覚を身につけられることが期待できます。企業の状況を分析するためには，**データを適切に読み取ったり，目的に応じて加工したりする必要**があります。企業が公表する売上高や利益，資産・負債といった会計数値は企業を分析するさいに活用される，非常に有用なデータです。このデータそのものは誰でも入手できるのですが，これを有効に利用できるかどうかとなると，人によって違いがあるでしょう。そして，この違いが，**ビジネスの現場における成果の差となって現れてくる**ものと思われます。

　このように，データの有効利用がビジネスにおいては重要ですが，それにはある程度，数学や統計学の素養が必要になってくるでしょう。えっ，数学？　統計学？　苦手だなあ…という読者の方もいらっしゃるかもしれませんね。しかし，これも心配は無用です。そもそも，本書では，数学・統計学そのものをやるわけではありません。それにもかかわらず，本書を読み終えてから数学・統計学に取り組むと，これまでより理解しやすくなった，という感触を持ってもらえることと思います。その1つの要因は，「R」によるプログラミングを取り入れていることです。「R」の命令は論理的な構造をしています。この論理性は，数学における式の展開や関数による変換に似ているところがあります。もう1つの要因は，本書で行う計算が「**大量データの処理**」**を意識している**点です。世の中にはたくさんの企業がありますし，1つの企業だけをとりあげても，たくさんの年度の会計データがあります。本書で用いる「R」ではこのような**たくさんのデータをいっぺんに取り扱う**，ということがよく出てきます（キーワードは「ベクトル」です。詳しくは本編をご覧ください）。そして，この「大量データの処理」の感覚は，統計学的なデータ処理に通ずるところがあります。

　以上，本書の特徴を述べてきました。本書は統計ソフトによる練習を行いながらすすめていきますので，できれば，パソコンを使いながら読んでいただければ効果的な学習ができると思います。しかし，パソコンがそばにない場合や，パソコンを使わず，読むだけでよいという方もいらっしゃるかもしれません。そのような場合は，本書の「Rによる練習」の部分は読み飛ばしていただくこともできます。本書は，Rによる練習以外の部分だけを読んでも，十分に会計学および経営分析が理解できるようになっています。自分に合ったやり方で本書を利用してください。本書を通じて，読者の皆さんに会計学・経営分析を面白いと思っていただけたり，今までよりもよく理解できたと思っていただけたなら，筆者としてこれに勝る喜びはありません。

　最後に，本書の企画・発行にあたっては，株式会社創成社の西田徹様，塚田尚寛様にたいへんお世話になりました。心より感謝致します。また，私事で恐縮ですが，妻・亜理沙は育児で大変な中でも筆者の執筆を支援し，本書完成に向けて一緒に頑張ってくれました。ここに感謝したいと思います。

2015年1月

真鍋明裕

目　次

序

第1章　Rの導入 ── 1

❶ Rのインストール ………………………………… 1
　1.1　Rのダウンロード ……………………………… 1
　1.2　Rのインストール ……………………………… 4

❷ RStudioのインストール ………………………… 6
　2.1　RStudioのダウンロード ……………………… 6
　2.2　RStudioのインストール ……………………… 8

❸ RStudioの使い方―次章以降の準備 …………… 9
　3.1　プロジェクトの作成 …………………………… 10
　3.2　スクリプトの作成 ……………………………… 14

第2章　会計学の基本 ── 21

❶ 貸借対照表 ………………………………………… 21
　1.1　貸借対照表の右側（負債・資本） …………… 21
　1.2　Rによる練習 …………………………………… 23
　1.3　貸借対照表の左側（資産） …………………… 25
　1.4　Rによる練習 …………………………………… 27
　1.5　資産・負債における流動・固定の区別 ……… 30
　1.6　Rによる練習 …………………………………… 32
　1.7　貸借対照表まとめ ……………………………… 33

❷ 損益計算書 ………………………………………… 34
　2.1　当期純利益の計算 ……………………………… 34
　2.2　当期純利益と貸借対照表 ……………………… 35
　2.3　Rによる練習 …………………………………… 36
　2.4　営業利益の計算 ………………………………… 40
　2.5　Rによる練習 …………………………………… 41
　2.6　経常利益の計算 ………………………………… 42

2.7　Rによる練習 ……………………………………………………… 43
2.8　税引前当期純利益の計算 ………………………………………… 44
2.9　Rによる練習 ……………………………………………………… 44
2.10　損益計算書まとめ ………………………………………………… 45

第3章　収益性の分析 ─ 49

❶ 売上高利益率の分析 ……………………………………………… 49
1.1　売上高営業利益率 ………………………………………………… 49
1.2　売上高経常利益率 ………………………………………………… 59
1.3　売上高純利益率 …………………………………………………… 64

❷ 回転率の分析 ……………………………………………………… 72
2.1　総資本回転率 ……………………………………………………… 73
2.2　棚卸資産回転率 …………………………………………………… 86
2.3　売上債権回転率 …………………………………………………… 93
2.4　棚卸資産と売上債権の回転期間 ………………………………… 100

❸ 資本利益率（ROA, ROE）の分析 ……………………………… 106
3.1　資本利益率の意味 ………………………………………………… 106
3.2　ROA ………………………………………………………………… 107
3.3　ROE ………………………………………………………………… 116

第4章　安全性の分析 ─ 134

❶ 貸借対照表の数値を用いた分析 ………………………………… 134
1.1　流動比率・当座比率 ……………………………………………… 134
1.2　自己資本比率 ……………………………………………………… 138
1.3　固定比率・固定長期適合率 ……………………………………… 139
1.4　Rによる練習 ……………………………………………………… 141

❷ 損益計算書の数値を用いた分析 ………………………………… 151
2.1　インタレスト・カバレッジ・レシオ …………………………… 151
2.2　Rによる練習 ……………………………………………………… 152

第5章　総まとめ問題 ─ 155

索　引　161

第1章

Rの導入

1 Rのインストール[1]

会計学の学習を始める前に，本書で使用する大事な道具である「R」を皆さんのパソコンにインストールしていただきたいと思います。手順を追って説明しますので，これに従って操作してください。なお，本書ではWindowsへのインストール方法のみご紹介します。Macをお使いの方は，本書を参考にしつつ，Mac用のファイルをダウンロードし，インストールしてください。

1.1 Rのダウンロード

RのダウンロードはCRAN（The Comprehensive R Archive Networkの頭文字）というサイトから行うことができます。まずはサイトへ行ってみましょう。Internet ExplorerやFirefoxなどのブラウザ（私はFirefoxを使っています）で以下のアドレスのページを開いてください。

http://cran.r-project.org/

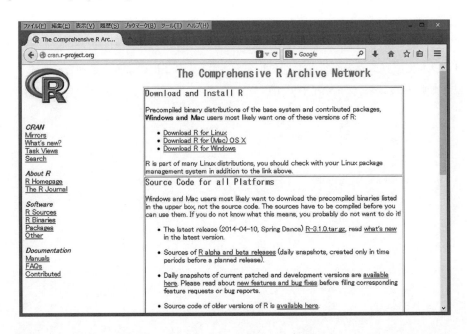

すると，上記のようなページが表示されるでしょう。次に，左上にある「Mirrors」というリンクをクリックしてください。リンク先のページを下の方へスクロールすると「JAPAN」という見出しとともに3つのアドレスへのリンクがあると思います。

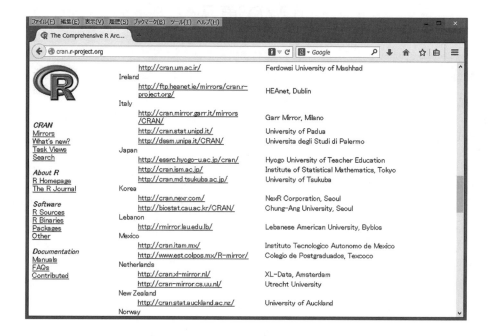

これはミラーサイトといって，最初に訪れたCRANのサイトと同じ情報やファイルが提供されている日本のサイトです。ファイルのダウンロードは，ミラーサイトから行った方が安定的ですので，本書ではこのサイトを利用したいと思います。3つのうちどれを使っても同じですが，今回は3番目の

http://cran.md.tsukuba.ac.jp/

をクリックして，リンク先へ行って見ましょう。すると，下図のような最初とそっくりのページが現れます（これがミラーサイトです）。

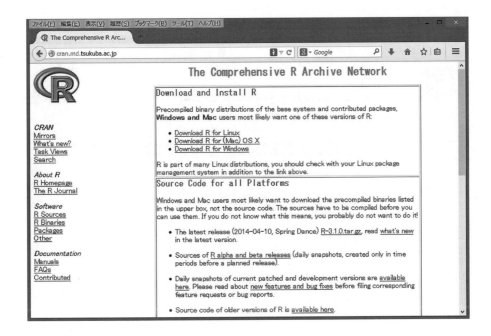

　この中の,「Download R for Windows」をクリックしてください。画面が切り替わりますので,この中の「base」をクリックしてください。そして,次の画面で,「Download R 3.1.0 for Windows (54 megabytes, 32/64 bit)」となっているところをクリックしてください[2]。

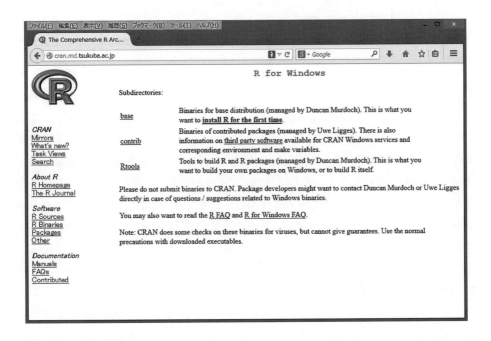

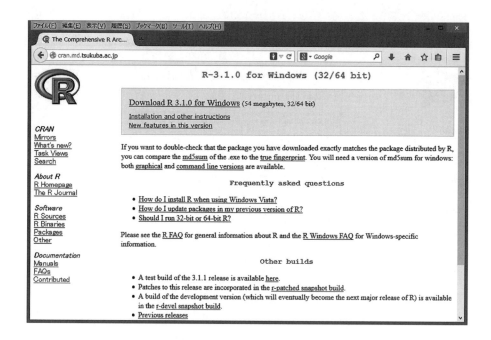

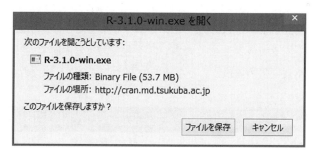

　すると，「R-3.1.0-win.exe を開く」という画面になりますので，「ファイルを保存」を押します。このままダウンロードが始まる場合もありますし，保存先を選択する画面になることもあるかもしれません。これは皆さんがお使いのパソコンの環境によりますので，保存先を選択する場合は，皆さんで適当な場所を指定してください（ファイル名を変更する必要はありません）。保存先の選択画面にならず，すぐにダウンロードが始まった場合は，「ダウンロード」というフォルダに保存されているかもしれませんので，見てみてください。私はデスクトップにファイルを保存しました。ファイル名は「R-3.1.0-win.exe」です。これでダウンロードは終わりです。

1.2　Rのインストール

　では，Rをインストールしましょう。さきほど保存した「R-3.1.0-win.exe」をダブルクリックして実行してください。このとき，ユーザーアカウント制御の画面が出てくることがありますが，そのときは「はい」を押してください。

第1章　Rの導入　◎——5

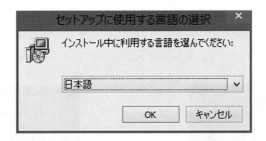

　すると，次に上図のような画面になりますので，「日本語」のまま「OK」を押してください。これ以降の各画面では，とくに何も変更せず「次へ」を押していってください。

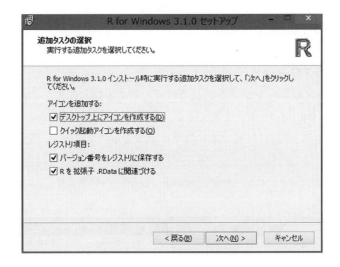

　上図の画面のときに「次へ」を押すと，インストールが始まります。インストールが終わると次のような画面になりますので，「完了」を押してください。

これで，Rのインストールができました。お使いの環境によっては，デスクトップに「R i386 3.1.0」と「R x64 3.1.0」という2つのショートカットが作成されます。前者は32ビット版，後者は64ビット版のRです。どちらを使っても問題ありません。

2 RStudioのインストール

2.1 RStudioのダウンロード

ここまででRのインストールができましたので，皆さんはRを使うことができます。ただし，本書ではさらにRStudioを導入したいと思います。RStudioはRを使いやすくする環境を提供してくれるもので，非常に便利です。以下に手順を示しますので，RStudioをインストールしてください[3]。

まず，RStudioのサイト（http://www.rstudio.com/）へ行きます。

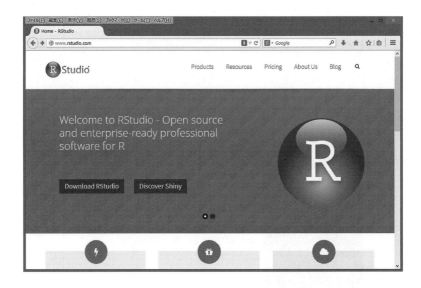

図のようなページが現れますので，「Download RStudio」をクリックしてください。次のページでは，画面を少し下へスクロールし，「DOWNLOAD RSTUDIO DESKTOP」をクリックしてください。

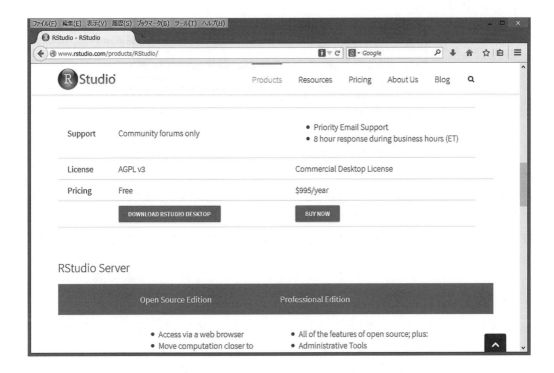

さらに次のページでも，画面を少し下へスクロールしてください。そこにある「RStudio 0.98.953 -Windows XP/Vista/7/8」と書かれたところをクリックします[4]。

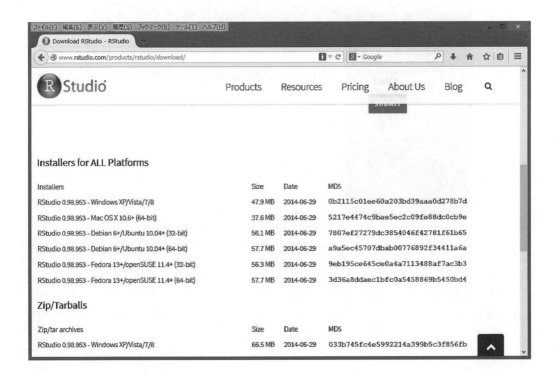

　すると,「RStudio-0.98.953.exeを開く」の画面になりますので,「ファイルを保存」を押します。保存先の指定等はさきほどのRのときと同じようにしてください(私はデスクトップに保存しました。ファイル名は「RStudio-0.98.953.exe」です)。これで,RStudioのダウンロードは終わりです。

2.2　RStudioのインストール

　それでは,RStudioをインストールしましょう。さきほど保存した「RStudio-0.98.953.exe」をダブルクリックして実行してください(ユーザーアカウント制御の画面が出てきたら「はい」を押してください)。すると,次の画面になりますので,画面の案内に従ってインストールをすすめていきます。

　インストール画面では,何も変更せず「次へ」を押していってください。すると,インストールが始まります。インストールが終わると次のような画面になりますので,「完了」を押してください。

　これで，RStudioのインストールができました。デスクトップに図のようなショートカットアイコンができていることを確認してください。

③ RStudioの使い方――次章以降の準備

　本書では，Rそのものよりも，RStudioの方を主に使用しますので，その使い方について見ておきましょう。デスクトップのショートカットをダブルクリックして，RStudioを起動してください。すると，次のような画面が表示されることでしょう。次章以降では，RStudioを用いて会計学を学習していきますが，ここではそのための準備をすることにします。

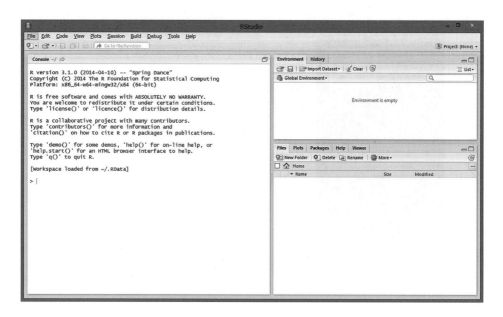

3.1 プロジェクトの作成

まず行うのは，プロジェクトの作成です。次の一連の図を見てください。

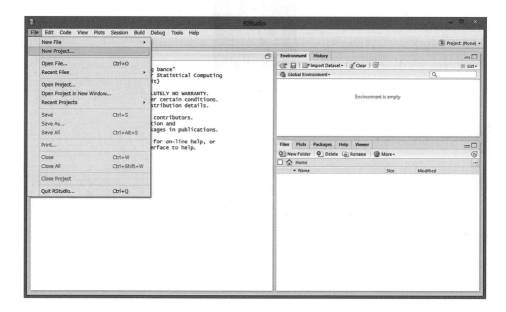

第1章　Rの導入　◎── 11

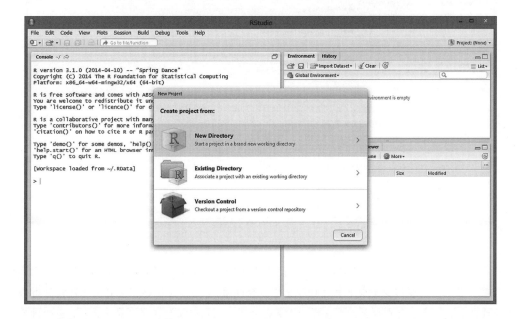

図のように,「File」から「New Project」をクリックしてください。次の画面では,「Save」を押します。次の画面では,「New Directory」を選択します。そして,次の画面では,「Empty Project」を選んでください。すると,次のような画面が現れ,入力を求められます。

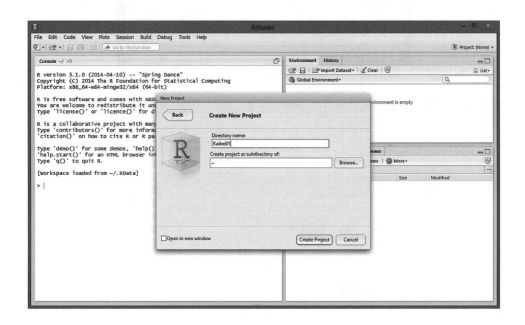

ここで,「Directory name」とはプロジェクト名のことです。RStudioでは,ひとかたまりの作業のことを**プロジェクト**と呼びます。今回は,「本書を用いて会計学・経営分析の学習をする」ということをひとかたまりの作業と考え,これに対してプロジェクト名をつけることにします。皆さんの好きな名前を付けていただければ結構ですが,本書ではさしあたり「Kaikei01」としておきました(プロジェクト名は,半角英数字で付けてください)。

その下の,「Create project as subdirectory of:」のところですが,これは,「Kaikei01」というプロジェクトのフォルダをどこに作成するかということです。初期設定では図のように「~」という文字が入っていますが,これはこのままで結構です。この「~」はある特定の場所を指しています。次の方法で確認できますので,見ておきましょう。デスクトップにある「R」のショートカットアイコン(1.2を参照)を右クリックし,「プロパティ」を選んでください。すると,次のような画面が表示されるはずです。

　この中の「作業フォルダー」のところを見てください。私の場合，"C:¥Users¥Manabe Akihiro¥Documents"」となっています。これは，要するに皆さんもよく使う「マイドキュメント」（または「ドキュメント」）のことです。ですから，私の場合，上記の「Kaikei01」のフォルダは「マイドキュメント」のすぐ下に作られることになります。「~」は多くの場合「マイドキュメント」になっていると思いますが，これもパソコンの使用状況により異なる可能性がありますので，皆さんは各自で確認しておいてください。もし「~」のさすフォルダを変えたければ，「作業フォルダー」のところの記述を皆さんにとって都合のよいフォルダの場所に変更してください。

　RStudioに戻ります。プロジェクト名等の入力ができたら，右下の「Create Project」をクリックしてください。すると，画面が次の図のようになります。右上のところ（拡大図）に「Kaikei01」と表示されていることを確認してください。これがプロジェクト名です。**今後，本書で出てくるRの練習を行うときは，RStudio右上のプロジェクト名のところが「Kaikei01」**（皆さんで独自に名前を付けたなら，その名前）になっているようにしてください（もし異なる名前が表示されていたら，この部分をクリックして出てくるリストから「Kaikei01」を選んでください）。

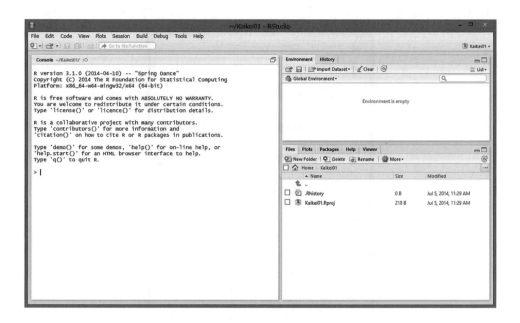

3.2　スクリプトの作成

　プロジェクトの作成ができたら，次にスクリプトの作成を行います。スクリプトとは，Rに実行させる命令を書いたもののことです。…と言われてもこれだけではよくわからないかもしれませんが，ともかくやってみましょう。図のように「File」，「New File」，「R Script」の順に選択します。

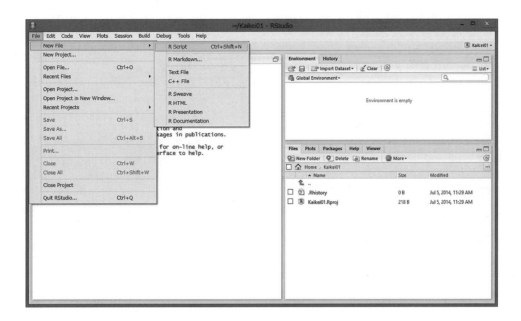

すると，次のような画面になります。

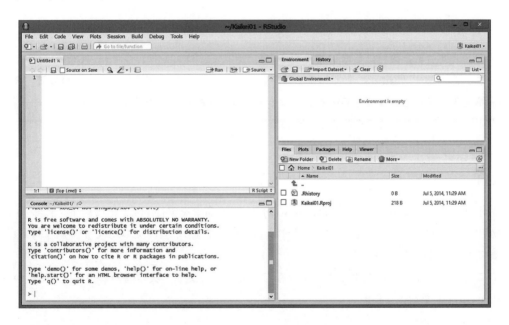

　左側が2分割され，上半分に「Untitled1」という名前の場所ができましたね。これがスクリプトです。ここに命令を入力し，Rに実行させます。試しに，簡単な計算をしてみましょう。

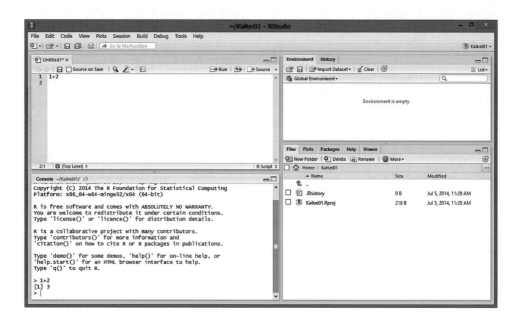

図のように，スクリプトの中で

1+2

と入力します（**まだ改行はしないでください**）。そして，コントロールキー（Ctrl）を押しながらエンターキー（Enter）を押してください。これが命令の「**実行**」です（**これ以降，Rへの命令を実行するときは必ずCtrlを押しながらEnterを押してください**）。実行したら，画面の左下のウィンドウを見てください。図のように

＞1+2
[1] 3

と表示されているはずです。これは，「Rに1+2という命令を実行させ，その結果，3という答えが出てきた」ということを表しています（当たり前ですが，1＋2は3ですね）。「3」の左にある [1] は気にしないでください。

ここで，いったんこのスクリプトを保存しておきましょう。次の図のように「File」から「Save As …」を選択します。

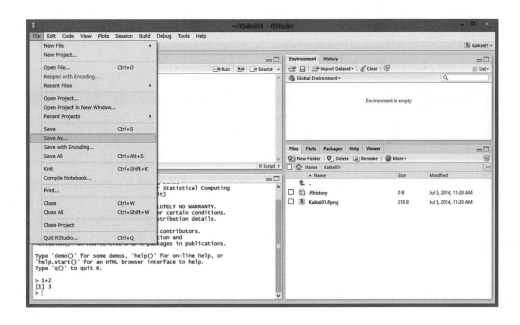

　すると次のような保存画面が開きますので，フォルダが「Kaikei01」(3.1で作成したプロジェクト名のフォルダ) になっていることを確認します (もし異なるフォルダが表示されていたら，プロジェクト名のフォルダにしてください)。

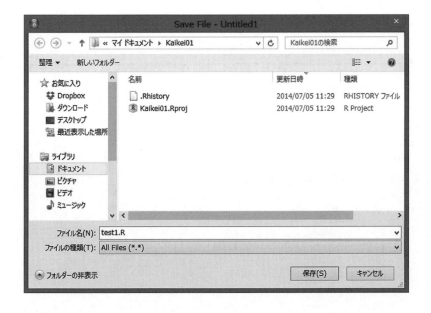

　今回のスクリプトは練習ですので，「ファイル名」はとりあえず図のように「test1.R」としておきましょう。今後も，**スクリプトのファイル名の末尾には，必ず「.R」を付けてください**。また，ファイル名は日本語で付けることも可能ですが，半角英数字で付けた方がトラブルが少ないでしょう。そして，「保存」をクリックします。これで，スクリプトの保存ができま

した。RStudioの画面を見てみると，さきほど「Untitled1」となっていたところが「test1.R」となっていることがわかると思います。

では，もう1つ，別の練習をしてみましょう。次の図を見てください。

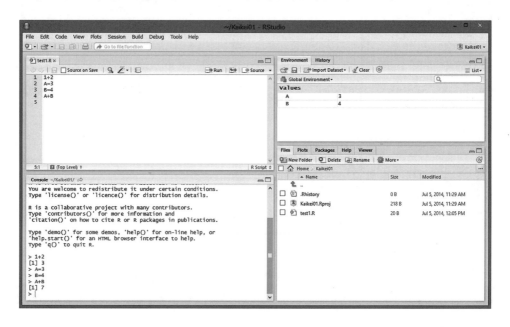

スクリプトの2行目で，まず

A＝3

と入力し，実行してください。これは，「『A』という文字に『3』という数字を入れた」と思ってください。同様に，スクリプトの3行目で，

B＝4

と入力し，実行してください。これは，「『B』という文字に『4』という数字を入れた」ということです。そして，スクリプトの4行目で

A＋B

と入力し，実行してください。すると，左下のウィンドウで図のように

＞A＋B
[1] 7

と表示されます。これは，「RにA＋Bという命令を実行させると，7という答えが出てきた」ということを意味しています。A＝3，B＝4ですから，A＋Bは確かに7ですね。Rではこのように，数字や数字のカタマリ（これについては4.2で述べます）を文字で置き換えて，その文字どうしで足したり引いたりといった計算を行うことが多いです。今回のように「3」や

「4」といった単一の数字ならあまり置き換えの必要性は感じられないかもしれませんが，もっとたくさんの数字を扱うようになると，この**「文字への置き換え」が大活躍**します。今回用いた「A」や「B」のように数字を入れておく文字のことをRでは**「オブジェクト」**と呼んでいます（聞き慣れない用語ですが，名前だけでも覚えておいてください）。作成したオブジェクトについては，RStudioの画面右上の「Environment」のところにオブジェクト名（今回は「A」と「B」）とその内容（オブジェクト「A」の内容は「3」，「B」の内容は「4」）が示されています。オブジェクトは今後たくさん作成することになりますが，オブジェクトの数が増えてくると自分の記憶だけでは把握しきれなくなってきますので，過去に作成したオブジェクトが右上のウィンドウで一覧表示されていることは非常に便利です。

　では，追加で作成した命令も含めて，あらためてスクリプトを保存しましょう。「test1.R」というタイトルのすぐ下にある 🖫 のボタンを押すと上書き保存されます（またはCtrlを押しながら「S」でもできます）。また，スクリプトの中で作成されたオブジェクトは，「.RData」というファイルに保存されます。**プロジェクト名のフォルダに「.RData」というファイルが作成されていることを確認しておいてください**（次の図を参照）。

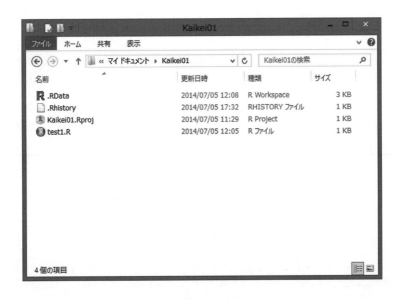

　最後に，RStudioを終了してみます。いちばん右上の「×」のボタンを押すと，終了できます。そのさい，「Quit R Session」という確認画面が出てくることがありますが，とくに保存したくない理由がない限り，「Save」をクリックしてください。

　これで，準備は終わりです。それでは，次章から，RおよびRStudioを用いながら，会計学の勉強を始めましょう！

【注】

1）本書でご紹介するRのインストール方法については，石田基弘『Rで学ぶデータ・プログラミング入門』（共立出版，2012年）第1章と，山田剛史・杉澤武俊・村井潤一郎『Rによるやさしい統計学』（オーム社，2008年）第1章を参考にしました。

2）「3.1.0」というのは，Rのバージョン名です。本書執筆時点ではこのバージョン名でした。ただ，皆さんがサイトを訪れたときにはバージョンアップが行われていて，バージョン名を表す数字が変わっているかもしれません。その場合は，本書の以下の記述のうち，バージョン名のところは皆さんが訪れたときの数字に適宜読み替えてください。

3）RStudioのインストール方法と使い方については，注1）でもご紹介した，石田基弘『Rで学ぶデータ・プログラミング入門』（共立出版，2012年）第1章を参考にしました。

4）注2）で述べたのと同様に，数字部分は本書執筆時点でのバージョン名です。サイトを訪れる時期によってこの部分は異なる可能性がありますので，そのときは適宜読み替えてください。

第 2 章

会計学の基本

本章では，会計学の基本的な事項を理解することをめざします。会計学を理解するためには，まず財務諸表[1]を理解することから始めましょう。さしあたり，貸借対照表と損益計算書が読めれば十分です。

1 貸借対照表

貸借対照表とは，企業の財政状態を表すもので，以下のような形式になっています。

貸借対照表は資産・負債・資本から構成されている。

貸借対照表というと，よくこの図が出てくるのですが，みなさんはこれを単なる表だと思ってはいけません。貸借対照表の背後には，企業が誕生し，投資をし，事業を行い，利益をあげ，さらにそれを次につなげていく・・・という **「流れ」，「ストーリー」** が存在します。貸借対照表をみるときは，資産・負債・資本のリストとして見るのではなく，上記のような「流れ」，「ストーリー」を意識することが重要です。それでは，具体的に貸借対照表の内容を見てみましょう。

1.1　貸借対照表の右側（負債・資本）

みなさんは「たった今から企業を作り，事業を始める」としたら，まず何をしますか。店の立地を考える，商品の開発をする，など色々考えられそうですが，これらはもっと後の話です。会計学の観点から見ると，まず最初に行われることは **「資金調達」** です。そもそもお金がなければ何も始めることはできません。どうにかしてお金（資金）を用意することから，企業の物語は始まるのです。では，企業はどのようにして資金を調達すればよいのでしょうか。それには2通りの方法があります。すなわち，

1．自分で用意する
2．他人から借りる

の2つです。お金が必要な場合，このどちらか，または両方の方法によって調達することになるでしょう。株式会社の場合，1．にあたるのは，株式の発行による資金調達です。株式を発行し，それを株主が購入してくれれば，その購入代金が会社に入ってきますので，これが会社の資金になります。株式の発行によって得られた資金には，大きな特徴があります。それは，**「返済の必要がない」**ということです。株主は会社への出資者であり，会社の持ち主ですから，彼らから得られたお金は会社自身のものということになります。したがって，返済の必要はなく，自分で用意したお金として取り扱ってよいのです。株式会社の話がわかりにくければ，個人企業を思い浮かべましょう。起業する人が自分の貯金をはたいて会社の設立資金にしたと考えてください。この場合，起業した人にとっては，自分で自分に出資していることになるので，当然，返済の必要はありません。いずれにせよ，1．の資金の特徴は「返済の必要がない」ということであり，そのような資金を会計学では**「資本」**と呼びます。とくに，株式会社では**「株主資本」**といいます。

しかし，自分で用意したお金だけでは，計画している事業をこれから行うのには，到底足りないということもよくあります。自分で用意したお金だけで足りなければ，2．の「他人から借りる」しかありません。この方法の代表的な例は，「銀行から融資を受ける」ということでしょう。つまり，借金をするわけです[2]。銀行がお金を貸してくれれば，その分，使える資金が増えることになります。このような，他人から借りた資金には，大きな特徴があります。それは，**「返済の必要がある」**ということです。借金ですから，当然，将来において返さなければなりません。これが，1．の資金との大きな違いです。このような，返済の必要がある資金のことを会計学では**「負債」**といいます。

さて，あらためて貸借対照表を見てみましょう。貸借対照表の右側には，「負債」「資本」の順に上から金額が表示されます。ここまでの話からわかるとおり，貸借対照表の右側は，つまり，企業の資金がどこから，何円調達されたのかを表しているのです。「どこから」というのは，「自分からなのか他人からなのか」ということです。自分（株主や起業者本人）からなら返済の必要はないので「資本」となり，他人（銀行など）からなら返済の必要があるので「負債」となります。

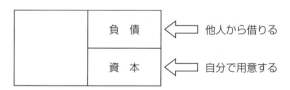

返済の必要がないのが資本。
返済の必要があるのが負債。

1.2　Rによる練習

　貸借対照表の右側について，Rを用いて数値例を設定してみましょう。まず，スクリプトを新規に作成します。RStudioを起動し，「File」，「New File」，「R Script」の順に選択して，新しいスクリプト画面を開いてください。ファイル名は「Untitled1」となっていると思いますが，あとで皆さんで適当な名前を付けて保存しておいてください（保存方法は第1章3.2を参照）。

　いま，資本6,000万円，負債4,000万円で，合計1億円の資金を調達したとします。これを表現するために，スクリプト1行目で次のように入力し，実行してください[3]。

```
migi=c(4000,6000)
```

ここで，c( )というのは，複数の数をくっつけてカタマリを作る命令です。今回は，負債の金額である4000と資本の金額である6000を1つのカタマリにしたと考えてください[4]。つぎに，この（4000,6000）というカタマリに名前を付けます。それが，migiです。貸借対照表の右側なのでmigiという名前にしました[5]。このmigiの中身は（4000,6000）という数字のカタマリです。試しに，改行してスクリプトの2行目に

```
migi
```

と入力し，実行してください。すると，RStudio左下の画面に

```
4000 6000
```

と出てくるはずです。つまり，migiの中身は（4000,6000）という数字のカタマリなのです。ちなみに，このような数字のカタマリのことを，数学用語で**ベクトル**といいます[6]。「4000」や「6000」だけだとベクトルとはいいませんが[7]，（4000,6000）のように複数の数字のカタマリになるとベクトルといいます。つまり，Rにおけるc( )とは，( )の中にカンマで区切って入れた数字をくっつけてベクトルを作るための命令で，さきほど付けたmigiはベクトルの名前ということになります。

　ここまでで，貸借対照表の右側を表現するためのmigiという名前の，（4000,6000）という数字のカタマリ（ベクトル）を作ることができました。このベクトル（「migiベクトル」と呼ぶことにします）の中で，4000は「migiベクトルの**第1要素**」，6000は「migiベクトルの**第2要素**」といいます[8]。

$$\text{migi} = \begin{pmatrix} 4000 \\ 6000 \end{pmatrix} \begin{matrix} \leftarrow\text{第1要素（migi[1]）} \\ \leftarrow\text{第2要素（migi[2]）} \end{matrix}$$

ベクトルは数字のカタマリ。上から順に
第1要素，第2要素という。

Rでは，ベクトルの各要素だけを取り出すことができます。スクリプトで，次の命令を実行してください。

    migi[1]

すると，

    4000

という結果が出力されるでしょう。これは，「migiの第1要素は4000ですよ」という意味です。migiだけだと4000 6000という2つの数字が出力されますが，migi[1]とすると4000だけが出力されます。つまり，ベクトルの名前の後に[1]と添えると第1要素だけが取り出されるのです[9]。だから，

    migi[2]

とすると，

    6000

と，出力されます。これは，migiベクトルの第2要素である6000だけが取り出されたということなのです。

ここまででおわかりの方もいるかもしれませんが，今回の例では，migiベクトルの第1要素に負債，第2要素に資本を入れています。つまり，(負債，資本)というベクトルを作り，それにmigiという名前を付けたというわけなのです。

ここで，負債と資本の合計額を出してみましょう。合計額を出すには，以下の命令を実行します。

    sum(migi)

すると，

    10000

と出力されるでしょう。sum( )は合計を出す命令で，( )の中のベクトルに含まれるすべての数の合計を出してくれます。今回はsum(migi)としたので，migiベクトルに含まれるすべての数字，すなわち4000と6000の合計が算出されたというわけです。この10000は負債と資本の合計額で，企業が調達したすべての資金を表します。これを会計学では**総資本**[10]と呼びます。

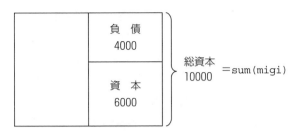

負債と資本の合計は総資本と呼ばれる。

1.3 貸借対照表の左側（資産）

1.1でみたように，企業は資金調達を行い，事業を始めるための現金を確保しました。本節はその続きです。

1.2の数値例を利用すると，いま，企業は10000の資金（単位は万円ですので，つまり1億円）を用意できた状態です。では，次は何をすればよいのでしょうか。答えは，「**調達した資金を使うこと**」です。当たり前のことですが，調達したお金をそのまま持っていても何も生まれません。資金調達の次に必要なことは，得られたお金を有効に活用すること（これを資金を「**運用する**」といいます）です。

資金の運用は，具体的にはどのような形で現れるのでしょうか。それは，**事業活動に必要なものの購入**です。たとえば，何かを仕入れて売るという商売をするなら，売るための商品をどこかから購入してこなければなりません。あるいは，自社で何かを製造して売るのであれば，製品を製造するための設備を購入しなければなりません。いずれにせよ，資金の運用のためには，負債や資本の形で調達した資金（の一部）を，現金以外のものに変える必要があります。このような，「モノ」の購入のためにお金を使うことを資金の「**投下**」といいます。

それでは，数値例を設定することにより，調達した資金の投下の様子を見てみることにしましょう。いま，1億円の資金が使える状態です。これを使って，洋服のお店を始めることにしましょう。1億円のうち，4,000万円で土地を，2,000万円で建物（店舗）を，1,000万円で備品（商品の陳列棚など）を，800万円で商品（洋服）を購入したとしましょう。すると，貸借対照表は次のようになります。

資金調達時点では，得られた資金はすべて現金として保有している。

資金を投下すると，購入したモノが貸借対照表の左側に表示される。

上記の図からもわかるように，資金を投下すると貸借対照表の左側に変化が見られます。左側に注目して見てください。まず，資金調達時点ではすべて現金です。この現金を投下すると右の図のように変化します。すなわち，4,000が土地に，2,000が建物に，1,000が備品に，800が商品に変わり，まだ使っていない2,200（＝ 10,000 －（4,000 ＋ 2,000 ＋ 1,000 ＋ 800））が現金となります。ここにおいて，企業のもちものは，「現金」のみから，「現金，商品，備品，建物，土地」と変わりました。この後も，企業の活動に応じて，貸借対照表の左側はさまざまに変化します。たとえば，商品をさらに仕入れれば「商品」が増えますし（同時に，商品の代金を現金で支払えば「現金」が同額だけ減ります），使わない土地を売れば「土地」が減ります（代金を受け取れば同時に「現金」が増えます[11]）。いずれにせよ，貸借対照表の左側には，企業が事業活動を行い，利益をあげるために保有しているモノ[12]が表示されることになります。このような，貸借対照表の左側に掲載されているモノを総称して「**資産**」と呼びます。

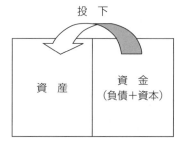

貸借対照表の右側から左側へとお金を投入
しているイメージをもつことが重要。

　今後のために資産のとらえ方として重要なことは，それが**企業の資金投下の状況を表す**ものである，ということです。上記の設例では，この企業は（現金，商品，備品，建物，土地）に，それぞれ（2,200，800，1,000，2,000，4,000）の資金を投下しました。このような資金投下は何のために行っているかというと，**利益を獲得するため**です。貸借対照表の左側は，企業が利益を獲得するために何にどれだけ資金を費やしているか，すなわち，どのようなものにどれだけ資金を投下しているかを表しているのです。

　このように，資産は資金の投下の状況を表しますが，これは，経営者が異なれば，当然異なった金額構成になります。今回の設例では，（現金，商品，備品，建物，土地）に（2,200，800，1,000，2,000，4,000）という構成で資金を振り分けましたが，同じ1億円でも，別の経営者が資金投下すれば，（1,000，1,500，1,800，2,200，3,500）という構成になるかもしれませんし，また別の経営者なら（500，1,600，2,400，2,500，3,000）となるかもしれません（いずれの分け方でも合計額が10000であることを確認してください）。経営者は利益を最大限獲得するために現状を把握し，将来を予測し，資金の配分額を決めています。どのような資産にいくらのお金を投じるのかは，経営者にとってきわめて重要な意思決定であるといえるでしょう。

振り分け例1 = $\begin{pmatrix} 2200 \\ 800 \\ 1000 \\ 2000 \\ 4000 \end{pmatrix}$ ← 現　金
　　　　　　　　　　← 商　品
　　　　　　　　　　← 備　品
　　　　　　　　　　← 建　物
　　　　　　　　　　← 土　地
　振り分け例2 = $\begin{pmatrix} 1000 \\ 1500 \\ 1800 \\ 2200 \\ 3500 \end{pmatrix}$　振り分け例3 = $\begin{pmatrix} 500 \\ 1600 \\ 2400 \\ 2500 \\ 3000 \end{pmatrix}$

どの資産にいくらのお金を配分しているかで，資金の投下状況は異なる。

　ここまで，貸借対照表の右側と左側について見てきましたが，1つの表の中に「流れ」があることがおわかりいただけたでしょうか。貸借対照表は資産・負債・資本の単なるリストではありません。まず資金調達によって貸借対照表の右側に資金が流れ込み，それが投下されて資金がさらに左側に流れ込んでいるというイメージをもってください。そして，左側に表された資産を有効活用して利益を獲得し，さらに多くの現金その他の資産を手に入れ，経営者は企業を成長させていくのです。

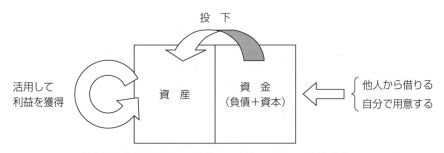

貸借対照表は，資金の「流れ」を意識して見ることが重要

1．4　Rによる練習

　貸借対照表の左側について，Rを用いた練習をしてみましょう。まず，資金投下の状況を表現してみます。RStudioのスクリプトで，次の命令を実行してください（数字の桁区切りのカンマ（,）は入れないでください）。

　hidari=c(2200,800,1000,2000,4000)

これは，1.2でmigiというベクトルを作ったときと同じです。migiベクトルの中に（負債，資本）の順に（4000,6000）という数字が入っていたのと同様に，hidariという名前のベクトルを作り，その中に（現金，商品，備品，建物，土地）の順に（2200,800,1000,2000,4000）という数字を入れました。確認のため，スクリプトで

　hidari

と入力し，実行すると，たしかに

```
 2200 800 1000 2000 4000
```

と出力されます。1.2で作ったmigiベクトルには2つの数字しか入っていませんでしたが，今回作ったhidariベクトルには5つの数字が入っています[13]。つまり，hidariベクトルには第1要素から第5要素まであり，第1要素は現金，第2要素は商品，第3要素は備品，第4要素は建物，第5要素は土地の金額を表しています。試しに，

```
 hidari[3]
```

と入力し，実行してみてください。すると，

```
 1000
```

と出力されるでしょう。これはhidariベクトルの第3要素は1000，つまり備品の金額は1000ですよ，ということです。

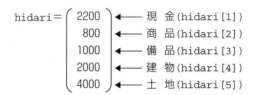

hidariベクトルには第1要素（現金）から第5要素（土地）まである。

それでは，資産の合計額を算出してみましょう。資産の合計額は，1.2と同様に，

```
 sum(hidari)
```

という命令を実行すれば，算出されます。出力結果は，

```
 10000
```

となったはずです。つまり，資産の合計額は10000ということです。資産の合計額を会計学では「**総資産**」[14]と呼びます。

　ここで，貸借対照表に関する重要な性質を確認しておきましょう。貸借対照表では，sum(migi)とsum(hidari)は必ず同じ数字になるという性質があります。今回の例ではどちらも10000でしたね。つまり，**総資本（sum(migi)）と総資産（sum(hidari））は必ず一致する**ということです。これは考えてみれば当たり前のことで，調達した資金は何かに投下されるわけですから，調達した資金の合計（総資本）と投下した金額の合計（総資産）はつねに同じになります。

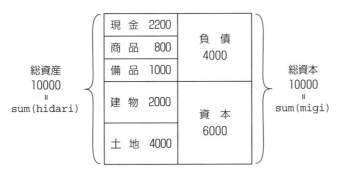

総資本と総資産は必ず一致する。

　また，上記の性質から導かれることですが，総資産から負債を控除した金額は資本に一致します。このことをRを使って確認しましょう。まず，総資産ですが，これは貸借対照表の左側の合計額ですので，以下のようにしてみましょう。

　soushisan=sum(hidari)

これは，sum(hidari)の数値（すなわち10000）に「soushisan」という名前を付けたことを意味します。試しに，

　soushisan

と入力して実行すると，10000という出力が得られるはずです。
　次に負債ですが，今回の例では，1.2でやったように，migiベクトルの第1要素が負債にあたりますので，次のようにします。

　fusai=migi[1]

これは，migiベクトルの第1要素の数値に「fusai」という名前を付けたことを意味します。同様に，migiベクトルの第2要素は資本ですから，

　shihon=migi[2]

とします。これで，migiベクトルの第2要素の数値に「shihon」という名前が付きました。ここまでできたら，次の命令を実行してみましょう。

　soushisan-fusai

すると，どのような結果が出力されたでしょうか。それは6000だったはずです。これはshihonの数値に一致します。確認のために次の命令を実行してみましょう。

　shihon

すると，やはり6000という結果が得られますので，総資産から負債を控除した金額は資本の

金額に一致することがわかります。このことは，別の方法でも確認できます。以下の命令を実行してください。

```
soushisan-fusai==shihon
```

これは，soushisan-fusaiがshihonと一致しているかどうかを判定してほしいという命令です。等しいかどうかを比較する場合は，上記のようにイコールの記号（=）を2つ重ねて書いてください。結果はTRUEと出力されるはずです。つまり，soushisan-fusaiとshihonは等しいかどうかという問いに対する答えはTRUE，つまり「正しい」ということです。これがもう1つの重要な性質です。すなわち，貸借対照表では，**総資産から負債を控除した金額は，資本の金額に等しい**ということです[15]。

1.5 資産・負債における流動・固定の区別

前節までで，資産・負債・資本という，貸借対照表を構成する基本的な項目について学ぶことができました。しかし，これだけでは後に経営分析を行うときに貸借対照表を役立てることはできません。とくに，資産と負債については，本節のタイトルにもなっているように，流動・固定の区別が不可欠になります。これについて以下で見ていくことにしましょう。

流動・固定の区別とは，具体的には，流動資産と固定資産の区別，負債についても同様に流動負債と固定負債の区別を行うことをさします。まずは，資金調達の面から，流動負債と固定負債の区別を行うことにしましょう。

1.2でみたように，今回の設例では，4,000万円を負債という形で調達しました。たとえば，銀行からの融資によって4,000万円を得たとしましょう。この場合，流動・固定の区別をしなければ「借入金[16] 4,000万円」が貸借対照表の右側，負債の部分に計上されることになりますが，これでは経営分析の役には立ちません。負債の状況を把握することは企業の安全性，言い換えれば，どれくらい余裕を持って債務を返済する力があるか（債務返済能力）を判断するうえで欠かせませんが，そのさい，**負債を利用できる期間の長短**，つまり，**長く借りておけるお金かどうか**を考えることがきわめて重要になります。比較的すぐに返さなければならない借金と，返済期日までの期間に余裕がある借金とでは，同じ借入金という名前でも，その性質は異なります。直感的に考えてみても，同じ金額であれば，返済期日まで余裕がある方が安全であると思われるのではないでしょうか。このように，返済期日までの期間の長短で負債を分けるのが流動・固定の区別であり，早く返済しなければならない負債を**流動負債**，返済日までの期間が長い負債を**固定負債**といいます。つまり，会計上，**流動か固定かを決定づけるのは，時間の長さ**なのです。

流動負債になるか固定負債になるかは，時間の長さで決まるのですが，借入金に関していえば，ボーダーラインになる時間の長さは，1年です。つまり，（決算日から数えて）1年以内に返さなければならない借入金は流動負債であり，短期借入金と呼びます。また，（決算日から数えて）返済期日までの期間が1年を超えるような借入金は固定負債であり，長期借入金と呼びます。同じ金額であれば，長期借入金の方が，返済期間に余裕がある分だけ，短期借入金

よりも安全であると考えることができます。

　資産に関しても，流動・固定の区別は負債の時と同様に，時間の長さで考えます。今回の設例では，1.3でみたように，この企業は（現金，商品，備品，建物，土地）の順に，それぞれ（2200, 800, 1000, 2000, 4000）万円の資産を保有しています。資産とは，利益を獲得するために企業が利用するもののことですが，この中で，「利用期間が短いもの」と，「利用期間が長いもの」はどれとどれでしょうか。答えは，「現金」と「商品」が短いもの，「備品」「建物」「土地」が長いものです。現金は支払いの手段として日常的に利用されますし，商品も仕入れたり販売したりということを短い期間にくり返します。しかし，備品，建物，土地はどうでしょうか。これらは，一度手に入れたものをすぐに手放したりはせず，長期間にわたって利用するのがふつうです。商品の陳列棚や店舗，店の土地は，少なくとも数年，長ければ数十年にわたって使い続けるものであると考えられます。したがって，今回の設例では，現金と商品が**流動資産**，備品・建物・土地が**固定資産**ということになります。

　負債の場合，流動・固定の区別の基準となっていたのは返済までの期間の長さでしたが，資産の場合は，**現金化される（できる）までの期間の長さ**が基準となります。資産の利用期間が短いということは，現金になるまでの期間が短いということでもあります。たとえば，商品を現金で仕入れた場合，「現金」は「商品」に変わり，「商品」は販売されることによって再び「現金」となります[17]。このサイクルは，通常，短期間のうちにくり返されるので，「商品」は現金化されるまでの期間が短い資産ということになります[18]。これに対して，「備品」「建物」「土地」はいったん購入すると，それらをすぐに売却することはふつうはありません。つまり，購入された「備品」や「建物」や「土地」は，長年にわたって使用されるために，売却によって再び現金化されるまでには長期間を要します。したがって，**流動資産**とは，現金化されるまでの期間が短い資産，**固定資産**とは，現金化されるまでの期間が長い資産ということになります[19]。

　このように，資産・負債は流動・固定を区別して，それぞれ流動資産・固定資産，流動負債・固定負債に分けられます。このことをふまえると，貸借対照表は，以下のように表すことができます。

流動資産	流動負債
	固定負債
固定資産	資　本

資産は流動資産と固定資産に，負債は
流動負債と固定負債に区別される。

　なぜこのような流動・固定の区別が必要なのかというと，企業を経営するうえで，調達された**資金の長短**（つまり返済期日までの期間の長短）と，その資金を使って行う**投資の長短**（つ

まり，資金の投下先である資産が再び現金化されるまでの期間の長短）を考えることがきわめて重要であるからです。資金の性質や投資のスパンを無視して経営を続けていると，思わぬところで資金難に陥り，経営危機を迎えることになってしまうかもしれません。企業を存続させることが経営者の重要な任務である以上，流動・固定の区別はしっかりと理解しておく必要があります。

1.6　Rによる練習

資産・負債に関して，流動・固定の区別をRを用いて行ってみましょう。1.2において，負債（借入金としましょう）を4000（万円）としていましたが，ここでは，このうち1000（万円）を流動負債（短期借入金）であるとしてみます。Rにおいて，次の命令を実行してください。

```
rfusai=1000
```

これは，1000という数値に対してrfusaiという名前を付けたことを意味します。「流動」の頭文字を取って「r」をfusaiの前に付けました。次に，次の命令を実行してください。

```
kfusai=fusai-rfusai
```

これは，fusaiからrfusaiを差し引いたものにkfusaiという名前を付けたことを意味します。ここで，fusaiとは，1.4で定義したmigiベクトルの第1要素，つまり負債の総額を表します（中身は4000という数値です）。kfusaiとは，固定負債のことです（ここでは，長期借入金としましょう）。「固定」の頭文字を取って「k」をfusaiの前に付けました。負債は流動負債か固定負債のどちらかですから，負債の総額（fusai）から流動負債（rfusai）を控除したものは，固定負債となります。試しに，次の命令を実行してください。

```
kfusai
```

すると，3000と出力されるはずです。これは，負債の総額である4000から，流動負債である1000を差し引いたものに一致します。

同様にして，資産に関しても流動資産・固定資産をRを用いて設定してみましょう。次の命令を実行してください。

```
rshisan=hidari[1]+hidari[2]
```

これは，hidariベクトルの第1要素（hidari[1]）とhidariベクトルの第2要素（hidari[2]）を合計したものにrshisanという名前を付けたことを意味します。rshisanとは，流動資産のことです（「r」の意味は負債の時と同様です）。hidariベクトルとは，1.4で定義したように，(2200,800,1000,2000,4000) という数字のカタマリです。これは，左から順に（現金，商品，備品，建物，土地）の金額を表しています。このうちの第1要素と第2要素はそれぞれ左から1つ目と2つ目の数値，すなわち2200（現金の金額）と800（商品の金額）を

表しています。前節で見たように，資産のうち流動資産は現金と商品ですから，この2つの合計が流動資産の金額ということになります。確認のため，次の命令を実行してみましょう。

```
rshisan
```

すると，3000と出力されるはずです。これは，2200（現金）と800（商品）の合計に一致します。では次に，以下の命令を実行してください。

```
kshisan=soushisan-rshisan
```

これは，soushisanからrshisanを差し引いたものにkshisanという名前を付けたことを意味します。kshisanとは固定資産のことです。今回の設例で扱っている5つの資産は，いずれも流動資産か固定資産のどちらかですから，資産の合計額（つまり総資産）から流動資産の金額を控除すれば，固定資産の金額が算出されることになります。kshisanの中身を見るために，以下の命令を実行しましょう。

```
kshisan
```

すると，7000と出力されるはずです。これは，総資産10000（1.4を参照）から流動資産3000を差し引いたものに一致します。また，別の面から見れば，これは，備品（1000），建物（2000），土地（4000）の合計額にもなっています。つまり，固定資産の金額は7000であることがわかります。

$$
\text{hidari}=\begin{pmatrix} 2200\text{（現金）} \\ 800\text{（商品）} \\ 1000\text{（備品）} \\ 2000\text{（建物）} \\ 4000\text{（土地）} \end{pmatrix}
\begin{array}{l} \left.\begin{array}{l}\\ \\ \end{array}\right\} \text{hidari[1]+hidari[2]} \\ \rightarrow \text{rshisan（流動資産）} \\ \left.\begin{array}{l}\\ \\ \\ \end{array}\right\} \text{kshisan（固定資産）} \\ \text{(=soushisan-rshisan)} \end{array}
$$

総資産は，流動資産（現金，商品）と固定資産（備品，建物，土地）に分けられる。

1.7 貸借対照表まとめ

ここまで，貸借対照表の右側（負債・資本），左側（資産）および，資産・負債における流動・固定の区別について見てきました。ここで，まとめとして，貸借対照表とは何かについて，あらためて確認しておきたいと思います。貸借対照表とは，**資金調達とその投下の状態を表示したもの**です。どのような資産に資金を使っており，その資金はどのような出所から得られたものであるか，ということです。貸借対照表が**財政状態**を表示していると言われるのは，企業が資金をどこから，いくら調達しており，そしてそれを何に使っているかを見ることで，借金を無理なく返済できるかどうかなどの状況がわかるからです。貸借対照表を見るときは，右側から左側へという資金の調達・投下の流れを意識して，企業がいまどのような状態にあるのかをつかむようにしましょう。

2 損益計算書

損益計算書は，企業の経営成績を表すもので，以下のような形式になっています。

売上高	15000
売上原価	12000
売上総利益	3000
販売費及び一般管理費	1200
営業利益	1800
営業外収益	800
営業外費用	600
経常利益	2000
特別利益	500
特別損失	100
税引前当期純利益	2400
税金費用	1200
当期純利益	1200

経営成績というとわかりにくいかもしれませんが，端的に言えば**利益**のことです。利益が多く出ていれば経営成績は良く，利益があまり出ていなかったり，マイナス[20]だったりすると，経営成績は悪いと考えられます。成績の良い・悪いを表すということは，つまり，企業の一定期間の**事業活動がうまくいったかどうか**を表すということです。損益計算書は，利益の算出をつうじて，**企業の活動が成功したかどうか**を伝えるものなのです。それでは，具体的に損益計算書の内容を見てみましょう。

2.1　当期純利益の計算

利益は，収益から費用を差し引いて計算されます。損益計算書で計算される利益にはいくつか種類があり，どの収益からどの費用が差し引かれるかによって，算出される利益は異なります。どの利益もそれぞれに重要な意味を持ちますが，まずは当期純利益に注目してみましょう。当期純利益を損益計算書から見つけるのは簡単です。一番下を見ればよいのです。損益計算書は，先の図に示されているとおり，売上高から始まって，さまざまな収益・費用が加算・減算されて利益が求められますが[21]，当期純利益より下には何も記載されていません。これは，**もはや加算すべき収益も，減算すべき費用もない**ということを意味します。これを言い換えると，当期純利益とは，**すべての収益からすべての費用が差し引かれて残った金額**であるということです。

ここで，収益とは何か，費用とは何かということについて理解しておきましょう。収益とは，**事業活動の成果**を表すものです。「成果」とは「うまくいった結果」ということですね。たとえば，わかりやすい例として売上高について考えてみましょう。売上高は商品を販売すること

によって生じます。これは,「商品の販売」という活動がうまくいった結果を表すものであると考えられます。そもそも,商品は売るために仕入れているのですが,だからといって**売れるという保証はありません**。売ろうと思って持っていた商品が実際に売れたということは,商品仕入れ時の計画(つまり,仕入れた商品を売ろうという経営者のもくろみ)が成功した,よい結果となった,ということを表すのです。だから,売上高は収益として計算されることになります。

これに対して,費用とは,**収益を得るために行った努力**を表します。ふつう,何もしないで成果だけが得られるということはありません。たとえば,売上高が何もしていないのに得られるということはありません。では,商品を売り上げるためには何をすることが必要になるでしょうか。まず,商品を仕入れなければなりません。当たり前のことですが,売るための品物が手元にないのに,売上高が出るはずがありません。ですから,「商品の仕入れ」は売上高を得るために行った努力であると考えられるのです[22]。その他には,たとえば,商品の魅力をアピールするために宣伝活動をするかもしれません。これも1つの努力です。また,商品の仕入れや宣伝活動には,それに携わる人(従業員)の労働が費やされています。商品を売るための従業員の労働も,努力であると考えられます。このように,成果を得るためには何らかの努力が行われる必要があり,その努力を金額で表したものが費用なのです。

当期純利益は,すべての収益からすべての費用が差し引かれた残りの金額ですので,これがもしプラス(正の数)であれば,収益が費用を上回ったということです。つまり,収益と費用の意味に照らせば,「**成果**」が「**努力**」を上回ったということですので,その上回った金額(すなわち当期純利益の金額)は,**事業活動の最終的な成功の度合いを表すもの**[23]であると考えられます。逆に,当期純利益がマイナス(負の数)であれば,成果が努力を下回ったということですので,これは努力に見合った成果が出なかったということで,事業活動の何らかの失敗を意味すると解釈できます(下回った分は「当期純損失」と呼ばれます[24])。

2.2 当期純利益と貸借対照表

当期純利益が出た場合,それは,成果が努力を上回ったということですので,感覚的な言い方をすると,「**失ったものより得たものの方が多かった**」ということになります。成果や努力は,**時間のずれはあっても,最終的にはお金の流入・流出となって現れる**[25]ものですので,結局のところ,当期純利益が出ると,「出て行く(出て行った)お金よりも入ってくる(入ってきた)お金の方が多い」ということになりますので,その金額は「**資金の増加**」**となって現れる**ことになります。

ところで,「資金」とは何だったでしょうか。それは,1.1でみたように,貸借対照表の右側に表示されています。ここには「負債」と「資本」が表示してあり,「負債」は他人から調達した資金,「資本」は自分で用意した資金でした。では,このうち当期純利益によって増加する資金とはどちらでしょうか。答えは「資本」のほうです。当期純利益はすべての費用を差し引いて残った分ですから,必要な支払いはすべて終わっています。それでも残っているのですから,それは自分の取り分となります。「資本」は自分が出した資金を表しますから,自分

の取り分としての当期純利益はここに加わることになります。したがって、**当期純利益の分だけ「資本」が増える**ということになります。このことは重要ですので、しっかり覚えてください（逆に、当期純損失が出た場合、資本は減少することになります。このことも同じく重要です）。

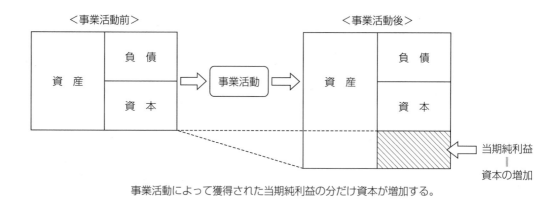

事業活動によって獲得された当期純利益の分だけ資本が増加する。

2.3 Rによる練習
2.3.1 当期純利益の算出

それでは、当期純利益の計算をRを用いて行ってみましょう。当期純利益は収益から費用を差し引くことで求められますので、まず収益を表すベクトルを作ることにします。以下の命令を実行してください。

```
shueki=c(15000,800,500)
```

c( )は1.2でもやったように、複数の数をくっつけてカタマリを作る命令ですので、この命令によって（15000, 800, 500）という数のカタマリを作り、そのカタマリに「shueki」という名前を付けたことになります。つまり、「shuekiベクトル」を作ったわけです。このベクトルは3つの要素からなり、第1要素は売上高（15000）、第2要素は営業外収益（800）、第3要素は特別利益（500）です。これらの数値は損益計算書の図に掲載したものと同じですので、確認してください。損益計算書に示されたもののうち、上記の3つが収益にあたります。それぞれに「成果」の意味が異なりますが、それについては後述します。今はとりあえず当期純利益の計算に集中しましょう。

同様に、費用のベクトルも作りましょう。以下の命令を実行してください。

```
hiyou=c(12000,1200,600,100,1200)
```

これで、「hiyouベクトル」ができました。このベクトルは5つの要素からなり、第1要素は売上原価（12000）、第2要素は販売費及び一般管理費（1200）、第3要素は営業外費用（600）、第4要素は特別損失（100）、第5要素は税金費用（1200）です。損益計算書の中で、上記の5つが費用にあたります。

ここで1つ，注意点があります。hiyouベクトルに含まれる費用のうち，最初の4つ，すなわち売上原価，販売費及び一般管理費，営業外費用，特別損失の数値は例として設定したものですが，5つめの税金費用の数値だけは勝手に決められるものではありません。税金費用は「税引前当期純利益」に一定の比率（税率）を掛けることで求められます。すなわち，税引前当期純利益×税率＝税金費用という関係があります。今回の設例では，わかりやすさを重視して税率を50％としました。したがって，設例の数値を用いれば，2400（税引前当期純利益）×0.5（税率）＝1200（税金費用）となります。このように，税金費用は税引前当期純利益に連動して決まってきますので，注意してください。

ここまで準備ができたら，当期純利益を求めることができます。次のように命令を実行してみましょう。

```
Jrieki=sum(shueki)-sum(hiyou)
```

これは，shuekiの合計からhiyouの合計を引き，その結果にJriekiという名前を付けたことを意味します。1.2でもやったように，sum( )は合計を出す命令ですから，sum(shueki)でshuekiベクトルに含まれる3つの数値の合計が算出され，sum(hiyou)でhiyouベクトルに含まれる5つの数値の合計が算出されます。当期純利益はすべての収益からすべての費用を差し引いた金額ですので，sum(shueki)-sum(hiyou)によって求めることができます。今回は，これに「Jrieki」という名前を付けました。当期純利益は，短く「純利益」と呼ばれることも多いですので，その「純」の頭文字を取って「J」を先頭に付けました。確認のため，次の命令を実行してみましょう。

```
Jrieki
```

すると，1200と出力されるはずです。これは，損益計算書の図に示した当期純利益の金額と一致していますね。

2.3.2 当期純利益による資本の増加

前節でも見たように，当期純利益は企業の1期間（通常，1年）における純粋な成果（つまり，努力を差し引いても残る成果）であり，その分だけ企業の資金（「資本」）が増えることになります。当期純利益による資本の増加をRを用いて見てみましょう。以下の命令を実行してみてください。

```
shihon[2]=shihon+Jrieki
```

1つずつ見ていきましょう。まず，shihonとは，1.4でやったように，6000という数値です。今回の設例では，この企業は負債4000，資本6000を調達しました。その資本の金額です。Jriekiはさきほど求めた当期純利益です。ですから，shihon+Jriekiは，資本に当期純利益を加える，つまり，当期純利益の分だけ資本が増加するということを表しています（shihon+Jriekiの計算結果は6000＋1200で7200となるはずです。頭の中に置いておきましょ

う)。このshihon+Jriekiがshihon[2]になる,というのが上記の命令の意味です。ここで,shihon[2]とは,shihonベクトルの第2要素を表します。「えっ?」と思われた読者の方もおられるかもしれません。shihonは6000という1つの数値であって,複数の数値のカタマリではないので,ベクトルではないのではないか,と。そのとおりです。もともと,shihonはベクトルではありません。実は,上記の命令は,shihon+Jriekiを計算し,その結果をshihonの第2要素とすることで,もともとベクトルではなかったshihonを,2つの要素を持つベクトルにする,ということなのです。このように,Rでは,もともとなかったところに要素を追加することができるのです。

　ここまでできたら,次の命令を実行してみましょう。

　shihon

すると,6000 7200と出力されたことと思います。まず気づくのは,もともとベクトルではなかったshihonが,(6000, 7200)という数字のカタマリ,すなわちベクトルになったということです。shihonベクトルの第1要素は6000,第2要素は7200です。この6000,7200がそれぞれ何を意味するか,おわかりでしょうか。6000はもともとの資本の金額,7200は当期純利益による増加後の資本の金額を表します。つまり,6000だった資本が利益によって7200に増えた,ということです。shihonベクトルには,増加前と増加後の資本がカタマリとして入っていますので,上記のようにshihonという命令を実行することによって,資本の金額の移り変わりを一目で確認することができます。

shihonが単一の数字から数字のカタマリ(ベクトル)へと変化した。shihonベクトルの第1要素は増加前の資本,第2要素は増加後の資本を表す。

　会計学では,年度を区切って利益の計算を行います。1つの年度の最初の日を**期首**,最後の日を**期末**と呼びます。資本に関して言えば,スタート時の調達額である6000が期首の金額(これを**期首資本**と呼びます),1年間の事業活動による利益獲得後の金額である7200が期末の金額(これを**期末資本**と呼びます)ということになります。企業は倒産さえしなければ永久に続いていきますので,会計年度も第1年度,第2年度,第3年度・・・とずっと続いていくことになります。

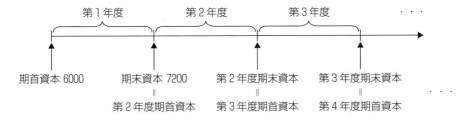

会計は年度を区切って計算を行う。当年度の期末資本と翌年度の期首資本は等しい。

今回は，第1年度の期首資本が6000，第1年度の期末資本が7200となったと考えればよいでしょう。第1年度の期末の次の日が第2年度の期首となります。1日違うだけですので，ある年度の期末の金額と翌年度の期首の金額は同じです。今回の資本に関して言えば，第1年度の期末の資本が7200ですので，第2年度の期首の資本も7200となります。ここに第2年度の当期純利益が加わって第2年度の期末資本となり，さらにそれに第3年度の当期純利益が加わって第3年度の期末資本となり・・・とずっと続いていきます。今回は第1年度の期末資本をshihon[2]としましたが，第2年度，第3年度以降も同様に，期末資本をshihon[3]，shihon[4]・・・などと追加していけば，**shihonというたった1つのベクトルで，すべての年度の資本を表現できます。**

第1年度期首　　　第1年度期末　　　　第2年度期末　　　　　第3年度期末　　・・・

$$\text{shihon}=6000 \quad \text{shihon}=\begin{pmatrix}6000\\7200\end{pmatrix} \quad \text{shihon}=\begin{pmatrix}6000\\7200\\\text{shihon}[3]\end{pmatrix} \quad \text{shihon}=\begin{pmatrix}6000\\7200\\\text{shihon}[3]\\\text{shihon}[4]\end{pmatrix}$$

shihon[3]以降も同様のやり方で作成していけば，
すべての年度の資本を1つのベクトルで表現できる。

2.3.3 貸借対照表の左右のバランス

今回の設例では，1200の当期純利益を獲得し，その分だけ資本が増加しました。ここで，1.4でやったことを思い出してください。貸借対照表では，総資産（貸借対照表の左側の金額の合計）と総資本（貸借対照表の右側の金額の合計）は一致するのでした。これはいつでも成り立つ（成り立っていなければならない）関係です。つまり，

　総資産（貸借対照表の左側の合計）＝総資本（貸借対照表の右側の合計）

という関係がつねに成り立っています。総資本は負債と資本の合計ですから，上記の関係は，

　総資産 ＝ 負債 ＋ 資本

と書き換えることができます。さらに，この関係を期首から期末への変化に注目してとらえる

と，以下の関係が成り立つことがわかります。

　　総資産の増加額 ＝ 負債の増加額 ＋ 資本の増加額

　設例では，1200の当期純利益が獲得され，資本がその分だけ増加しましたから，これを当てはめると，

　　総資産の増加額 ＝ 負債の増加額 ＋1200

となります。もし負債に変化がなかったとすれば，負債の増加額はゼロとなりますので，上記の関係から，**必然的に資産は1200増加する**ことになります[26]。このように，利益の獲得によって**貸借対照表の右側に変化が生じれば，それと整合するように貸借対照表の左側にも変化が起きており**，貸借対照表はいつの時点で見てもかならず右側・左側それぞれの合計が一致するようになっています。このことをよく理解してください。

2.4　営業利益の計算

　2.1でもみたように，当期純利益はすべての収益からすべての費用を差し引いたもので，企業の事業活動が最終的に成功したかどうかを示すものでした。これは1つの重要な情報ですが，損益計算書には，さまざまな収益・費用が掲載されていますので，収益・費用の一部分を抜き出すことによって，企業がどのような活動で成功（または失敗）したのか，より細かい分析を行うことができます。

　売上高から売上原価を引き，さらに販売費及び一般管理費を差し引いて得られた金額は，**営業利益**と呼ばれます。各用語のおおまかな意味は以下のとおりです。

- 売　上　高：商品を販売したときの販売額
- 売上原価：販売した商品の仕入額
- 販売費及び一般管理費：販売や会社全体の管理に必要な費用

　たとえば，12000で仕入れた商品を15000で販売すれば，売上高は15000，売上原価は12000となります[27]。「販売費及び一般管理費」（以下，「**販管費**」[28]）は，売上高・売上原価と比べるとわかりにくいかもしれませんが，次のようなことです。商品は仕入れれば自動的に売れるというものではありません。仕入れた商品を売るということの背景には，さまざまな努力が費やされているのです。2.1でもすでに見ましたが，商品をアピールするためにチラシを印刷するなど，宣伝活動を行うことはよくあるでしょう。その場合，広告宣伝費がかかっていることになります。その他にも，商品を包んで発送すれば，荷造費や運搬費などがかかります。これらは商品の販売に欠かせないものです。

　また，より大きな視点で見れば，会社全体の管理業務がしっかりと行われていなければ，商品の販売という活動を円滑に行うことはできません。たとえば従業員の労働や待遇について取り扱う人事管理や，お金の記録を行う経理などは，それが適切に行われていることで，商品の販売という具体的な活動が可能になっているという側面があります。したがって，これも広く

見れば必要な努力ということになります。ですから，こうした管理業務に携わる人々の給料などは，企業の活動に欠かせない費用であるといえます。このような，販売や管理業務にかかる費用をまとめて「販管費」と呼んでいるのです。

では，売上高・売上原価・販管費それぞれの意味をふまえると，売上高から売上原価・販管費を差し引いた金額である営業利益は，いったいどのような利益なのでしょうか。それは，ひとことで言えば，**本業からの利益**です。「本業」とは，「企業がメインの活動内容としているもの」と考えてください。たとえば，1.3の設例であげた洋服のお店なら，洋服の仕入れ・販売がこれにあたりますし，自動車会社であれば自動車の製造・販売ということになります。売上高は商品の販売額であり，売上原価と販管費は商品の仕入れから販売に至るまでのさまざまな努力を表すわけですから，営業利益は本業によって得られた純粋な成果，言い換えれば，**メインの活動がどの程度成功したか**を表すのです。

営業利益が黒字（正の数）であるか，赤字（負（マイナス）の数）であるかが，その企業の状態を知るうえでまずは非常に重要な情報となります。営業利益が赤字[29]であれば，それは**本業ですでに失敗している**ことを示しますので，企業の置かれた状況は厳しいと考えざるを得ません。まずは十分な営業利益を獲得しているかどうかが企業の成績を見るうえでのポイントとなるでしょう。

2.5　Rによる練習

2.3.1でもやったように，shuekiベクトルである（15000,800,500）にはすべての収益が入っており，hiyouベクトルである（12000,1200,600,100,1200）にはすべての費用が入っています。営業利益を算出するには，このうち，営業利益に関係のある部分のみ抜き出せばよいことになります。それでは，以下の命令を実行してみましょう。

```
Erieki=shueki[1]-sum(hiyou[1:2])
```

これは，shuekiベクトルの第1要素（つまり売上高）から，hiyouベクトルの第1要素と第2要素（つまり，売上原価と販管費）の合計額を引き，その結果に対して「Erieki」という名前を付けたことを意味します。「営業」の頭文字を取って「E」を先頭に付けています。1:2とあるのは，「1から2まで」という意味です。このように，コロン（:）を間に入れると，ある数からある数までの範囲を表現することができます。したがって，hiyou[1:2]とすれば，「hiyou[1]からhiyou[2]まで」という意味になります。それがsum( )の中に入っているので，結局，「hiyou[1]からhiyou[2]までの合計」という意味になります。

それでは，計算結果を確認してみましょう。以下の命令を実行します。

```
Erieki
```

すると，1800と出力されるはずです。今回の設例では，売上高から売上原価・販管費を控除した金額である営業利益は1800であることがわかります。当期純利益は企業のあらゆる活動を反映した最終的な利益を表しますので，shuekiベクトルとhiyouベクトルに含まれる数値す

べてを計算に入れればよかったですが，**営業利益は企業の活動のうち本業に関する部分のみの利益**ですので，shuekiベクトルとhiyouベクトルに含まれる数値のうち，本業に該当する部分だけを用います。2.3.1でやった当期純利益（Jrieki）を求める式と，今回の営業利益（Erieki）を求める式とを比較することにより，当期純利益に到達するまでに，収益と費用の一部分を抜き出すことで**企業の活動別に段階的に利益が計算されている**ことを理解してください。

2.6 経常利益の計算

　営業利益からさらに計算を進めると，経常利益が算出されます。経常利益は，営業利益に営業外収益を加え，営業外費用を差し引いたものです。ここで，営業外収益と営業外費用のおおまかな意味は以下のとおりです。

- 営業外収益：本業以外の活動から得られた成果のうち経常的なもの
- 営業外費用：本業以外の活動のために費やした努力のうち経常的なもの

　これだけではよくわからないと思いますので，説明しましょう。営業利益は本業からの利益であり，メインの活動がどの程度成功したかを表すものでした。経常利益は活動の範囲をさらに広げ，本業か本業でないかは関係なく，経常的な活動から企業が獲得した利益のことです。「経常的な」とは，「毎年規則的にくり返されるような」という意味です。つまり，経常利益は，本業かどうかを区別せず，**毎年行われる活動がどの程度成功したかを表す**ものであるといえます。

　では，「毎年行われるが本業ではない活動」とは具体的にどのような活動なのでしょうか。それは**金融活動**です。つまり，お金の貸し借りにまつわる活動のことです。そして，その金融活動から得られた収益・費用を表すのが上記の営業外収益・営業外費用なのです。

$$\text{企業の経常的な活動}\begin{cases}\text{営業活動（本業，メインの活動）}\\\text{金融活動（貸付，借入，証券投資等）}\end{cases}$$

企業が毎年行う活動（経常的な活動）は営業活動と金融活動に分類される。

　したがって，営業外収益とは，主として金融活動により毎年くり返し得られる収益と考えてください。代表的なものに**受取利息，受取配当金**があります。他者（他社）にお金を貸し付けると，一定の利息が得られますが，これを受取利息と呼びます[30]。また，株式会社において，他社の株式を購入し出資した場合，その出資額に応じて出資先の会社の利益の一部を配当金という形で受け取ることができます。これが受取配当金です。どちらも，資金を提供することの見返りとして得られるものですので，金融活動からの収益，すなわち営業外収益となります。他方，営業外費用は，主として金融活動により毎年くり返し発生する費用であると考えてください。代表的なものに**支払利息**があります。これは受取利息の逆で，他者（他社）からお金を借りた場合に支払う利息のことです[31]。支払利息は，資金の提供を受けることの見返りとし

て支払うものですので，金融活動からの費用，すなわち営業外費用となります。

金融活動は，本業ではないものの，ほとんどの企業で毎年くり返し行われている活動です。したがって，経常利益を算出するさいに，営業利益に追加して，営業外収益・営業外費用を計算に入れることで，企業の経常的な活動の成果がすべて考慮されることになります。言い換えれば，**経常利益には，臨時的ではないすべての活動の成果が反映される**ことになります。経常利益も，企業の業績をみるうえで非常に有益な情報です。営業利益でメインの活動の成功度合いを確認し，さらに経常利益で金融活動も含めた**経常的な活動がどの程度成功したか**をみることによって，企業の状態をより正確につかむことができるでしょう。

2.7　Rによる練習

経常利益を算出します。以下の命令を実行してください。

```
Krieki=sum(shueki[1:2])-sum(hiyou[1:3])
```

これは，「shuekiベクトルの第1要素から第2要素までの合計」から「hiyouベクトルの第1要素から第3要素までの合計」を引き，その結果に「Krieki」という名前を付けたことを意味します。「経常」の頭文字を取って「K」を先頭に付けています。経常利益の算出に用いられるべき収益は，「本業の収益＋金融活動の収益」ですので，shuekiベクトルの第1要素である売上高と第2要素である営業外収益になります。同じく費用の方は「本業の費用＋金融活動の費用」ですので，hiyouベクトルの第1要素である売上原価，第2要素である販管費，そして第3要素である営業外費用となります。それでは，計算結果を見るために以下の命令を実行してみましょう。

```
Krieki
```

すると，2000と出力されるはずです。2.5で算出したように，営業利益は1800でしたので，これに金融活動から得た利益200（つまり，営業外収益800－営業外費用600）が加わり，合計2000が経常的な活動の結果を表すものとして導き出されます。経常利益は，本業だけでなく，金融活動も含まれていますので，より広範囲の活動をとらえたものになっています。営業利益（Erieki）を算出するための式と比較し，収益・費用ともに，経常利益（Krieki）では，より広い範囲の数値が計算に入れられていることを確認してください。

経常利益には金融活動も含まれるため，より広い範囲の数値が計算に入れられる。

2.8　税引前当期純利益の計算

経常利益からさらに計算を進めると，税引前当期純利益[32]（以下，略して「税引前利益」と記します）が算出されます。経常利益に特別利益を加算し，そこから特別損失を引けば，税引前利益となります。特別利益，特別損失のおおまかな意味は，以下のとおりです。

- 特別利益：臨時的に得られた「もうけ」のこと。
- 特別損失：臨時的に発生した損失のこと。

特別利益の代表的な例は固定資産売却益です。たとえば，1000で購入した固定資産を1500で売却すれば，その差額である500が固定資産売却益となります。1.5でもみたように，固定資産とは，「備品」，「建物」，「土地」など，長期にわたって使用する資産のことです。「商品」とは異なり，短期間のうちに売買することを想定して保有するものではありません。したがって，固定資産を売却するという取引は，臨時的なものであると考えることができます[33]。したがって，そこから得られた利益（固定資産売却益）は，臨時的なもうけであり，特別利益として計上されることになります[34]。固定資産の売却によって損失が出ることもあります。たとえば，1000で購入した固定資産を800で売却する場合などです。この場合，固定資産売却損が出ますが，これは特別損失として計上されます。理由は固定資産売却益の時と同じで，固定資産の売却は臨時的なものだからです。固定資産売却損は，特別損失の代表的な例です[35]。

以上からわかるとおり，経常利益と税引前利益の違いは，特別利益・特別損失が入っているかどうか，すなわち，**臨時的なものが含まれるかどうか**です。臨時的なものが入っていないのが経常利益，入っているのが税引前利益です。税引前利益に，定められた税率を掛けると，税金の金額が計算され，税引前利益から税金を引くと，**当期純利益**が算出されます。この当期純利益までくると，メインの活動，金融活動，臨時的な活動という，企業の行うすべての種類の活動が反映されることになります。

利益の種類	関連する活動	
営業利益	営業活動	経常的な活動
経常利益	営業活動＋金融活動	
当期純利益	営業活動＋金融活動＋臨時的な活動・事象	

利益の名称と，関連する企業活動との対応関係を理解しよう。

2.9　Rによる練習

税引前利益は，特別利益・特別損失も含めた収益・費用から算出されますので，以下のようにしましょう。

```
Zrieki=sum(shueki)-sum(hiyou[1:4])
```

これは，すべての収益の合計から，特別損失までの費用の合計を引き，その結果にZriekiとい

う名前を付けたことを意味します。「税引前」の頭文字を取って「Z」を先頭に付けました。特別利益まで含めると，収益はそれですべてですので，税引前利益の算出に用いられる収益の数値は，shuekiベクトル全体の合計となります。また，費用面では，税金以外のすべての費用が用いられますので，売上原価（hiyouベクトルの第1要素）から特別損失（hiyouベクトルの第4要素）までの費用の合計が用いられます。それでは，確認のために次の命令を実行してみましょう。

```
Zrieki
```

すると，2400と出力されるでしょう。税引前利益には，臨時的な収益・費用も反映されていますので，経常利益よりもさらに広範囲の事象がとらえられていることになります。計算式にそれが現れていることを確認してください。

それでは，最後に，税金の金額を求め，これを税引前利益から差し引くことにより，当期純利益を求めましょう。2.3.1でも述べたように，今回の設例では税率を50％としていますので，Rで以下のようにします。

```
tax=0.5
```

これはtaxという文字に0.5という数値を割り当て，taxで税率を表現できるようにしたものです。税金は税引前利益に税率を掛けたものですから，

```
Zrieki*tax
```

で計算できます。Zriekiとtaxの間にある「*」（アステリスク）は掛け算を表す記号です。これを実行すると，1200となり，これが税金の金額です。税引前利益（Zrieki）は2400でしたから，当期純利益は税引前利益2400から税金1200を引き，1200と計算できます。これが2.3.1で算出した当期純利益（Jrieki）の数値と一致していることを確認してください。

なお，当期純利益は，上記のように一度税金の金額を求め，それを税引前利益から差し引いてもよいのですが，この一連の計算を1つの式にまとめると，以下のようになります。

```
Zrieki*(1-tax)
```

当然，この式の実行結果も1200となります。（1－税率）を掛けることで税引後の利益を求めることができるということを知っておくとよいでしょう。

2.10 損益計算書まとめ

ここまで，損益計算書における各種利益の計算について見てきました。貸借対照表が企業の財政状態を表すのに対して，損益計算書は企業の経営成績を表します。冒頭でも述べたように，経営成績とは端的には利益のことであり，企業の活動が成功したかどうか，またその成功度合いを示すものです。ここで注意が必要なのは，**企業の活動にもさまざまな種類がある**ということです。これについて，もう一度整理しておきましょう。まず，企業の活動は，**経常的なもの**

とそうでないものに分けられます。毎年くり返されるような性質のものと，臨時的なものということですね。そして，経常的な活動は**「本業」（メインの活動）**とそれ以外の活動（**金融活動**）に分けられます。この活動の種類に応じて，異なる名称の利益が算出されます。「本業」の結果を表すのが**営業利益**，本業以外も含めた経常的な活動の結果を表すのが**経常利益**，そして，臨時的な活動まで含めた全体的な結果を表すのが**税引前当期純利益**および**当期純利益**ということになります。損益計算書を有効に活用できるようになるために，各種利益がそれぞれ企業のどのような種類の活動を反映したものであるのかについて，理解するようにしましょう。

【注】

1）本書で「財務諸表」という場合，それは「有価証券報告書」に収録されている貸借対照表や損益計算書などをさします。企業の有価証券報告書は，金融庁の運営しているEDINET（http://disclosure.edinet-fsa.go.jp/）から誰でも入手することができます。また，各企業のウェブサイトでも「IR情報」や「投資家情報」のところに決算情報が掲載されています。

2）このことを「借入をする」といいます。「借入」は「かりいれ」と読みます。「しゃくにゅう」ではありません。

3）つまり，Ctrlを押しながら，Enterを押してください。

4）3桁ずつ金額を区切るためのカンマ (,) は，Rでは入力しないでください。また，「万円」は省略しています。

5）もちろん，他の名前でもかまいません。みなさん自身で好きな名前を付けることができます。名前は，「M」のように，1文字でもかまいません。第1章3.2でみたように，このような，数のカタマリに付けた名前（いわば数のカタマリを入れる「入れ物」）のことを「オブジェクト」といいます。

6）数学用語を見るとアレルギー反応を起こす方もいるかもしれませんが，本書では複雑な数学は出てきません。とりあえずそういう呼び方なのだということで，あまり気にせず進んでください。

7）単一の数字のことは「スカラー」といいます。

8）今回は2つの数字のカタマリなので第2要素までしかありませんが，もし3つの数字のカタマリなら第1要素から第3要素まで，100個の数字のカタマリなら第1要素から第100要素まであることになります。

9）このような，特定の要素を指定するために用いられる [ ] を，「添え字」（添字）といいます。

10）有価証券報告書では「負債・純資産合計」という名称です。

11）帳簿上の金額を超える金額で売れば利益が出ますが，利益や損失については後述します。

12）モノだけではなく，権利等も掲載されますが，今回の設例ではモノだけを取り扱っています。

13）このような，ベクトルの中に入っている数字の個数をベクトルの「**長さ**」といいます。したがって，migiベクトルの長さは2，hidariベクトルの長さは5です。

14）有価証券報告書では「資産合計」という名称です。

15）総資産から負債を控除した金額を指す用語としては，「資本」よりも「純資産」が広く用いられています。しかし，本書では「資産」と区別しやすいこと，また，「誰かから調達したお金」という意味をより明確に表現するために，「資本」という用語をこれからも使用します。また，「株主資本」と「純資産」は実は必ずしも同じ金額にはならないのですが，さしあたり，本書ではそうした細かい違いは考えずに話を進めます。区別が必要なときはその都度説明することにします。

16）「かりいれきん」と読みます。

17）ここでは，現金決済で取引を行うことを想定しています。現金決済以外のケースについては，別の項で触れます。

18) 「現金」はお金そのものですので、しいていえば、現金化されるまでの期間が「ゼロ」であると考えることができます。当然、期間の長短でいえば、短いということになります。
19) 流動・固定の区別のさいに考えられる「短い」、「長い」は、さしあたり、1年を基準として考えて差し支えありません。つまり、1年以内なら「短い」、1年を超えるなら「長い」と考えるのです。
20) 利益がマイナス（負の数）ということは、つまり、「赤字」ということです。会計用語を用いれば、「損失」が出たということです。
21) 図の中で、収益は「売上高」、「営業外収益」、「特別利益」です。また、費用は「売上原価」、「販売費及び一般管理費」、「営業外費用」、「特別損失」、「税金費用」です。
22) 「努力」という言葉はわかりにくいかもしれませんが、要するに「労力を費やして何かをする」ということです。仕入れという行為を「わざわざ」するからこそ、売るための商品が得られるので、仕入れは売るための努力であるととらえられます。
23) 当期純利益はすべての収益とすべての費用から計算されますので、そこには企業のあらゆる活動が反映されています。「最終的な」という言葉には、「企業の活動の種類は問わず、すべてを総合して成功したかどうかを考えている」という意味が含まれています。
24) 会計学では、「マイナスの利益」のことを「損失」と呼びます。
25) 企業の取引は、すべてが現金で行われているわけではありませんので、成果・努力と現金の出入りは必ずしも同時に生ずるものではありません。たとえば、商品を販売し、代金の受け取りはあとで行う、というケースはよくありますが、この場合、商品が売れたという成果は得られているものの、現金の受け取りはまだ、ということになります。しかし、これはタイミングがずれているだけで、成果の分だけ現金が得られるということは変わりません。
26) もし負債が200増加したとすれば、式から資産の増加額は1400となり、逆に負債が200減少したとすれば（つまり、増加額がマイナス200）、資産の増加額は1000となります。
27) 売上高から売上原価を差し引いた金額は**売上総利益**と呼ばれます。この例では、3000（＝15000－12000）が売上総利益となります。
28) 「販売費及び一般管理費」という名前は長いので、略して「販管費」と呼ばれることが多いです。
29) これは営業損失が出ている状態です。マイナスの営業利益のことを会計学では「営業損失」といいます。
30) 「受取利息」という名前からは、「すでに現金で受け取った利息」ということを連想される方がおられるかもしれませんが、必ずしもそうではありません。注25）でも触れたように、企業の取引はいつでも現金の受取・支払を伴っているわけではありません。「成果としては発生しているが、現金の受け取りはまだ」ということはよく起こります。受取利息についても同じようなことがいえます。お金を貸し、一定期間が過ぎると、相手から利息を受け取れる権利が生じ、利息を払ってもらえる状態になります。そういう状態になること自体が「お金を貸したこと」の「成果」なのです（収益とは、事業活動の成果であったことを思い出してください（2．1を参照））。したがって、現金の受け取りの有無にかかわらず、成果が出たことをもって「受取利息」という名称の収益が発生するのです（会計学のこのような考え方を**発生主義**といいます）。
31) これについても、受取利息と同様に、現金の支払いがあったかどうかは関係なく、支払うべき利息の発生額を「支払利息」という名前の費用であると考えます。
32) 損益計算書にはその企業だけの「個別損益計算書」と、子会社・関連会社も含めたグループ全体の「連結損益計算書」があり、個別損益計算書では「税引前当期純利益」という名称が、連結損益計算書では「税金等調整前当期純利益」という名称が用いられます。しかし、基本的に考え方は同じですので、名前の違いはあまり気にしないでください。また、貸借対照表にも「個別貸借対照表」と「連結貸借対照表」があります。
33) 個人や家庭のレベルで考えると、固定資産としては、車や家があげられます。これらを売却するとした

ら，それはその人やその家庭にとって，かなり珍しい，めったにないことなのではないでしょうか。少なくとも，毎年恒例で行うことではないはずです。企業にとっても同じで，固定資産の売却は経常的なものではなく，臨時的なものです。

34) 他の例としては，子会社株式の売却益があります。子会社は，親会社と一体となって企業グループを形成する重要な会社であり，親会社は，長期的な視点で子会社株式を保有するのがふつうです。したがって，子会社株式の売却は臨時的な行為であると考えられ，そこから得られた売却益は特別利益となります。

35) 特別損失の例としては，他に火災による損失などがあります。

第3章

収益性の分析

1 売上高利益率の分析

　本章では，収益性の分析を学びます。企業を分析するさい，大きく注目されるのは，「もうける力」ではないでしょうか。企業は利益を得ることを目的に活動しているわけですから，もうかっている企業ほど状態がよいと考えるのは自然なことでしょう。ここからしばらくは，さまざまな側面から企業のもうける力，すなわち「収益性」を分析していくことにしましょう。まずは売上高利益率から見ていきます。

1.1　売上高営業利益率
1.1.1　売上高営業利益率とは
　売上高営業利益率とは，営業利益を売上高で割ったものです。

$$売上高営業利益率 = \frac{営業利益}{売上高}$$

　営業利益とは，第2章2.4でも見たように，「本業」からの利益です。メインの活動がうまくいったのかどうかを表すもので，具体的には売上高から売上原価と販管費を差し引いたものです。営業利益自体が成績を表すものですから，営業利益の金額を単純に比較してもよさそうですが，それでは意味のある分析はできません。なぜなら，**利益の金額は，企業の規模の影響を受ける**からです。たとえば，企業Aの営業利益が10億円で，企業Bの営業利益が1億円であったとしましょう。これだけで単純に企業Aの方が本業で成功しているといえるでしょうか。必ずしもそうとはいえません。企業の規模が大きければ，それだけたくさんの商品やサービスを取り扱うことができ，小規模の企業よりも売上高は高くなります。その結果，売上原価と販管費を差し引いた営業利益の金額も小規模企業よりも大きくなる傾向があります。したがって，事業が成功したかどうかは，規模の大小の影響をなくしたうえで判断しなければなりません。

　そのための工夫が，「売上高で割る」ということです。営業利益を売上高で割ると何が算出されるでしょうか。それは，**「売上高1円あたりの営業利益」**です。つまり，売上高営業利益率は，1円の売上高に対して，何円分の営業利益が出ているのかを表すものなのです。売上高営業利益率が大きければ大きいほど，効果的に営業利益を獲得することができた，言い換えれ

ば，その企業のメインの活動がうまくいったということになるのです。このように，売上高1円あたりの金額にしてしまえば，企業の規模に関係なく，営業利益がよく出ているかどうかを比べることができます[1]。「1単位[2]あたり」で計算し直す作業は，さまざまな分析で有効ですので，覚えておきましょう。

売上高営業利益率が他社よりも高ければ，本業において利益を獲得する力（本業の収益力）が他社よりも優れているということになります。また過去と現在を比べて，現在の方が高くなっているということであれば，本業の収益力が改善しているということになります。

1.1.2　Rによる練習

■百貨店の売上高　本章以降では，実際の企業の会計データを用いて，良否や優劣の比較をしていきたいと思います。ここでは，百貨店業界をとりあげ，三越伊勢丹ホールディングス[3]，高島屋，エイチ・ツー・オーリテイリング[4]の3社について見てみることにします。まずは，データの準備をしましょう。RStudioのスクリプトで以下の命令を実行してください。

```
Mitsukoshi_U=c(1426684,1291617,1220772,1239921,1236333)
Takashimaya_U=c(976116,877761,869475,858123,870332)
H2O_U=c(509525,470395,465033,505588,525154)
```

命令は1行ごとに実行してもよいですが，命令だけを先に書いておき，まとめて実行することもできます。まとめて実行する場合は，全体（今回の例では上記の3行分）をマウスでドラッグして範囲指定した状態でCtrl+Enterをしてください。上記の命令は次のような意味です。一番上の命令は，(1426684,1291617,1220772,1239921,1236333)という数のカタマリをc( )（第2章1.2を参照）で作り，そのカタマリに「Mitsukoshi_U」という名前を付けたということです。確認のため，次の命令を実行してみましょう。

```
Mitsukoshi_U
```

すると，1426684 1291617 1220772 1239921 1236333と出力されるはずです。これは左から三越伊勢丹の（2008年度[5]の売上高[6]，2009年度の売上高，2010年度の売上高，2011年度の売上高，2012年度の売上高）を表します。「売上高」の頭文字を取って「U」を後ろに付けました（「_」は「アンダーバー」です）。売上高の数値は有価証券報告書に掲載されている連結[7]の金額を用いています。本書では，基本的に5年分のデータを取り，分析に用いることにします。上記の2行目，3行目の命令も同様で，それぞれ高島屋の2008年度から2012年度までの売上高，エイチ・ツー・オーリテイリングの2008年度から2012年度までの売上高を表しています[8]。

■売上高のデータフレームの作成　前項の作業で，三越伊勢丹，高島屋，エイチ・ツー・オーの売上高を表す3つのベクトルができました。今後，この3社について比較検討していきますので，各社の売上高をまとめて一覧できた方がわかりやすいでしょう。そのために，「**デー タ**

フレーム」というものを作成します。次の命令を実行してください。

```
Hyakkaten_U=data.frame(Mitsukoshi=Mitsukoshi_U,Takashimaya=Takashimaya_U,H2O=H2O_U)
```

命令が長く，一行におさまらない場合は，

```
Hyakkaten_U=data.frame(Mitsukoshi=Mitsukoshi_U,
           Takashimaya=Takashimaya_U,H2O=H2O_U)
```

のように，途中で改行して二行にしてもかまいません。その場合は，命令全体をマウスでドラッグし，範囲指定した状態で実行してください。

それでは，命令の意味を説明します。data.frame( )は，データフレームを作成する命令です。( )内の条件でデータフレームを作成します。( )内の記述ですが，さきほど作った百貨店各社の売上高ベクトルのそれぞれにデータフレーム内での項目名を付けています。たとえば，Mitsukoshi=Mitsukoshi_Uとは，三越伊勢丹の売上高ベクトル（Mitsukoshi_U）に対して，データフレーム内での項目名「Mitsukoshi」を付けた，ということです。高島屋，エイチ・ツー・オーについても同じです。そして，そのデータフレームに「Hyakkaten_U」（「百貨店の売上高」という意味です）という名前を付けています。言葉で説明してもわかりにくいかもしれませんので，実際に作成されたデータフレームを見てみましょう。以下の命令を実行してください。

```
Hyakkaten_U
```

すると，次のようなものが表示されるでしょう（単位：百万円）。

	Mitsukoshi	Takashimaya	H2O
1	1426684	976116	509525
2	1291617	877761	470395
3	1220772	869475	465033
4	1239921	858123	505588
5	1236333	870332	525154

これがデータフレームです。タテ（列）とヨコ（行）の行列形式でデータが一覧表になっています。今回の例は「5行3列」のデータフレームになっています。いちばん左の「1,2,3,4,5」と，いちばん上の「Mitsukoshi, Takashimaya, H2O」はそれぞれ行の名前と列の名前ですので，データフレームの行数，列数には含みません。

「Mitsukoshi」とある列を縦に見てください。ここには三越伊勢丹の2008年度から2012年度までの売上高が上から下へ並んでいます（前項でやった「Mitsukoshi_U」のベクトルの内容と比べて確認してください）。以下，高島屋，エイチ・ツー・オーの売上高も同様に5年分が上から下へ表示されています。さきほどのdata.frame( )の( )内の記述が反映されていることを確認してください。「Mitsukoshi」という名前で「Mitsukoshi_U」ベクトルの内容が縦

に並んでおり，以下，「Takashimaya」の名前で「Takashimaya_U」ベクトルの内容が，「H2O」の名前で「H2O_U」ベクトルの内容が同様の規則で並んでいます．最初は命令の意味をつかみにくいかもしれませんが，操作を重ねるうちに慣れてきますので，心配はいりません．

ここで，いちばん左の「1,2,3,4,5」となっている行の名前を変えてみましょう．次の命令を実行してください．

```
rownames(Hyakkaten_U)=2009:2013
```

これは，「Hyakkaten_U」というデータフレームの行の名前を（2009,2010,2011,2012,2013）で置き換えてくださいという意味です．rownames( )は，( )内のデータフレームの行の名前を表します[9]．2009:2013というのは，「2009から2013までの整数」という意味で（コロン（:）のはたらきについては第2章2.5を参照），具体的には「2009,2010,2011,2012,2013」という5つの数字を表します．もともと，「Hyakkaten_U」の行の名前は「1,2,3,4,5」なのですが，上記の命令で，これが2009～2013の数字で置き換えられます．確認のため，以下の命令を実行してください．

```
Hyakkaten_U
```

すると，以下のように表示されるはずです．

	Mitsukoshi	Takashimaya	H2O
2009	1426684	976116	509525
2010	1291617	877761	470395
2011	1220772	869475	465033
2012	1239921	858123	505588
2013	1236333	870332	525154

行の名前が変わったことを確認してください．これで百貨店3社の5年分の売上高が，年度入りで一覧表示できるようになりました．ちなみに，「2009」は「2009年3月期決算」を表します（ただし高島屋のみ2月期）．つまり，「2009年3月31日に終わる年度」ということですので，これは2008年度（2008年4月1日から2009年3月31日まで）を表します．以下同様に，「2010」は「2010年3月期決算」を表し，2010年3月31日に終わる年度，すなわち2009年度のことを表します．決算日の年で表す方法と，年度で表す方法があり，なんだかややこしいですが，今後も年の表示は決算日の年の方を用いることにします．

ここで，せっかくですから，Rにおけるデータフレームの操作について少し練習してみましょう．Rでは，データフレームの全体だけでなく，ある一部分だけを取り出すこともできます．たとえば，たんに

```
Hyakkaten_U
```

とすれば，上記のデータフレーム全体が出力されますが，

　Hyakkaten_U[1,1]

のように，[ ]で位置を指定すれば，特定の数値だけを取り出すことができます。上記の命令を実行すると，

　1426684

と出力されるはずです。これは，「Hyakkaten_Uというデータフレームの第1行第1列のデータは1426684ですよ」という意味です。[ ]内のカンマ（,）の左側の数字は行番号を，右側の数字は列番号を表します。ですから，

　Hyakkaten_U[3,2]

とすれば，869475と出力されます。これは，「Hyakkaten_U」というデータフレームの第3行第2列（上から3番目，左から2番目）のデータは「869475」ですよ，ということです。

　行番号，列番号は必ず両方を指定しなければいけないわけではありません。どちらかを指定せず，空欄にすると，すべての行やすべての列のデータを出力してくれます。たとえば，

　Hyakkaten_U[1,]

のように，行番号だけを入力し，列番号（つまり，[ ]内のカンマの右側）を空白にすると，

```
         Mitsukoshi   Takashimaya      H2O
2009       1426684        976116    509525
```

と出力されます。これは，第1行のすべての列のデータが取り出されたということです。逆に，

　Hyakkaten_U[,1]

のように，列番号だけを入力し，行番号（[ ]内のカンマの左側）を空白にすると，

　1426684 1291617 1220772 1239921 1236333

と出力されます。これは，第1列のすべての行のデータが取り出されたということです。行は年（決算期），列は会社を表しますから，行だけを指定すると「ある特定の年のデータを（会社は限定せずに）取り出す」ということになりますし，また，列だけを指定すると「ある特定の会社のデータを（年の限定はせずに）取り出す」ということになります。

　ある年だけ，あるいはある会社だけ，という場合でもたとえば，「2009年〜2011年だけ」とか，「高島屋とエイチ・ツー・オーだけ」というように，ある範囲の年だけ，会社だけ取り出したいということもあるかもしれません。その場合はたとえば次のようにします。

　Hyakkaten_U[1:3,]

こうすると，次のような出力が得られるはずです。

```
     Mitsukoshi   Takashimaya   H2O
2009  1426684      976116       509525
2010  1291617      877761       470395
2011  1220772      869475       465033
```

　［ ］内のカンマの右側（列番号）が空白になっているので，すべての会社の数値が取り出されます。そして，［ ］内のカンマの左側は1:3となっています。これは行番号1から3まで（コロン（:）で範囲を指定できることを思い出してください）を取り出すという意味です。したがって，これで2009年から2011年までの各社の数値が取り出せたことになります。今度は次のようにしてみましょう。

```
Hyakkaten_U[,2:3]
```

すると，以下のように出力されるはずです。

```
     Takashimaya   H2O
2009  976116       509525
2010  877761       470395
2011  869475       465033
2012  858123       505588
2013  870332       525154
```

　行番号（［ ］内のカンマの左側）を指定していないので，すべての年の数値が取り出されます。そして，列番号（［ ］内のカンマの右側）については，2:3としてありますので，列番号2から3まで，すなわち今回のデータフレームではTakashimayaとH2Oのみが取り出されるということになります。このように，命令を組み合わせることで，比較したい年や会社のみのデータを抽出し，またそれを他の分析に利用する，といったこともできるようになります。

■営業利益の算出　前項までで売上高のデータフレームが作成できましたので，営業利益の算出のため，売上原価と販管費のデータを用意しましょう。やり方は売上高のときと同じです。では，まず売上原価について，次の命令を実行してください。

```
Mitsukoshi_UG=c(1029238,930931,878767,892133,888923)
Takashimaya_UG=c(678701,609816,606812,597511,605687)
H2O_UG=c(364028,339027,335875,366121,382624)
```

　「UG」は「売上原価」のことです。たとえば「Mitsukoshi_UG」は三越伊勢丹の売上原価を意味します。その中身は（1029238,930931,878767,892133,888923）というベクトルです。これは左から（2009年3月期の売上原価，2010年3月期の売上原価，……，2013年3月期の売上

原価）を意味します。同じ方法で，以下の命令により販管費のデータも作成しましょう。

```
Mitsukoshi_HK=c(377863,356508,331012,323954,320771)
Takashimaya_HK=c(272605,254517,244489,239512,239169)
H2O_HK=c(132079,123344,118602,129508,131859)
```

「HK」は「販管費」のことです。ここまでで，百貨店3社の5年分の売上原価・販管費のベクトルが作成できました。それでは，次に売上原価および販管費のデータフレームを作成しましょう。まず，売上原価について，以下のようにします。

```
Hyakkaten_UG=data.frame(Mitsukoshi=Mitsukoshi_UG,
                    Takashimaya=Takashimaya_UG,H2O=H2O_UG)
rownames(Hyakkaten_UG)=2009:2013
```

そして上記の命令全体をマウスで範囲指定したうえで実行します。これで，百貨店3社の売上原価のデータフレームができました。以下の命令でそれを確認してみましょう。

```
Hyakkaten_UG
```

すると，以下のような出力が得られることと思います。

	Mitsukoshi	Takashimaya	H2O
2009	1029238	678701	364028
2010	930931	609816	339027
2011	878767	606812	335875
2012	892133	597511	366121
2013	888923	605687	382624

data.frame()の命令で3社の売上原価が一覧表になり，またrownames()の命令で行番号が各決算期の年の数字になっていることを確認してください。同様に，販管費について，以下の命令を実行してください。

```
Hyakkaten_HK=data.frame(Mitsukoshi=Mitsukoshi_HK,
                    Takashimaya=Takashimaya_HK,H2O=H2O_HK)
rownames(Hyakkaten_HK)=2009:2013
```

そして，次の命令を実行しましょう。

```
Hyakkaten_HK
```

すると，以下のような販管費のデータフレームが作成されたことがわかります。

	Mitsukoshi	Takashimaya	H2O
2009	377863	272605	132079
2010	356508	254517	123344
2011	331012	244489	118602
2012	323954	239512	129508
2013	320771	239169	131859

ここまでくれば，営業利益が計算できます。以下の命令を実行してください。

```
Hyakkaten_Er=Hyakkaten_U-(Hyakkaten_UG+Hyakkaten_HK)
```

これは，「Hyakkaten_U」（売上高）から，「Hyakkaten_UG」（売上原価）と「Hyakkaten_HK」（販管費）の合計を引き，その結果に対して，「Hyakkaten_Er」という名前を付けたことを意味しています。「Er」は，営業利益のことです（営業利益は，売上高から売上原価・販管費を控除したものであったことを思い出してください）。第2章2.5でやった営業利益の名前「Erieki」からとっています。では，確認のために次の命令で「Hyakkaten_Er」の内容を見てみましょう。

```
Hyakkaten_Er
```

すると，以下のような出力が得られることと思います。

	Mitsukoshi	Takashimaya	H2O
2009	19583	24810	13418
2010	4178	13428	8024
2011	10993	18174	10556
2012	23834	21100	9959
2013	26639	25476	10671

これが百貨店3社の2009年3月期から2013年3月期までの営業利益です（単位は百万円）[10]。上記の実行結果からわかるとおり，Rではデータフレーム同士で足し算・引き算などの演算ができます。つまり，単一の数値同士だけでなく，**数値のカタマリやその一覧表同士をそのまま足し引きできる**のです。これは大量のデータを扱うときに非常に便利な特徴です[11]。

では，営業利益の内容を見てみましょう。まず，上から下へと順に数値を見てわかることは，各社とも2010年3月期に大きく営業利益が落ち込み，その後回復傾向にあるということです。とくに，三越伊勢丹と高島屋は2010年以降は一貫して営業利益が回復し，落ち込み前の2009年の金額を上回りました。ただし，売上高のデータ（前項で作成した「Hyakkaten_U」のデータフレームを参照してください[12]）を見てもわかるとおり，売上高そのものは2010年に落ち込んだあと，さほど伸びているとは思われません。ここから，営業利益の伸びは，売上高の増加によるものではなく，売上原価および販管費の減少によるものであることがわかります。

また，金額そのものを見ると，三越伊勢丹と高島屋が同程度の金額の利益を得ており，エイチ・ツー・オーの営業利益はその半分程度であることがわかります。

ここで，Rの練習のために，各年度の3社平均営業利益と各社の5年平均営業利益を求めてみましょう。営業利益のデータフレームを見てください。各年度の平均を求めるということは，行・列でいえば「行」の平均を求めるということです。これをふまえて，以下の命令を実行してください。

```
rowMeans(Hyakkaten_Er)
```

rowMeans( )は，( )内のデータフレームの行の平均を出す命令です。英語でrowは行を，meanは平均を意味します。命令の実行結果は以下のようになるでしょう。

```
    2009       2010       2011       2012       2013
19270.333   8543.333  13241.000  18297.667  20928.667
```

これは，**それぞれの年度の3社の営業利益の平均額**を表しています。たしかに，2010年にいったん落ち込んだ後，回復してきていることがわかります。次は，各社ごとの平均売上高を見てみましょう。企業ごとの平均を求めるということは，データフレームのそれぞれの「列」の平均を求めるということです。そこで，以下の命令を実行してください。

```
colMeans(Hyakkaten_Er)
```

colは英語のcolumnの略で，列を意味します。したがって，colMeans( )で( )内のデータフレームの列の平均を出すことができます。命令の実行結果は以下のようになります。

```
Mitsukoshi  Takashimaya      H2O
  17045.4      20597.6    10525.6
```

これは，**三越伊勢丹，高島屋，エイチ・ツー・オー各社の2009年から2013年までの営業利益の平均額**を表しています。これを見ると，5年平均では高島屋が最も多く営業利益を獲得しており，以下，三越伊勢丹，エイチ・ツー・オーの順であることがわかります。しかし，1.1.1でみたように，各社の業績の良し悪しは，営業利益の金額だけではわかりません。そのため，売上高営業利益率を求めてみましょう。

■**売上高営業利益率の算出**　売上高営業利益率は，営業利益の金額を売上高で割ったものですので，以下の命令を実行してください。

```
Hya_ErPerU=(Hyakkaten_Er/Hyakkaten_U)*100
```

命令の中のスラッシュ（/）は，「割る」を表す記号です。つまり，上記の命令は「Hyakkaten_Er」（営業利益）を「Hyakkaten_U」（売上高）で割り，それに100を掛けたものに対して，「Hya_ErPerU」という名前を付けたことを意味しています（100を掛けるのはパーセンテージ

にするためです）。Perは「割る」ことを表しています。ですから，「ErPerU」は，「営業利益（Er）を売上高（U）で割る（Per）」という意味です。つまり，「Hya_ErPerU」は百貨店（Hya）の売上高営業利益率（ErPerU）を表します。では，結果を確認するために次の命令を実行してみましょう。

```
Hya_ErPerU
```

すると，以下のような出力が得られるはずです。

	Mitsukoshi	Takashimaya	H2O
2009	1.3726235	2.541706	2.633433
2010	0.3234705	1.529801	1.705800
2011	0.9004958	2.090227	2.269946
2012	1.9222192	2.458855	1.969786
2013	2.1546784	2.927159	2.031975

数値の単位はパーセント（％）です。1.1.1で，売上高営業利益率は売上高1円あたりの営業利益を表すものであると述べましたが，実際に売上高1円あたりにすると営業利益の金額があまりにも小さくなり，わかりにくいので，**売上高100円あたりの営業利益の金額**，つまり，パーセンテージで示しています。たとえば，三越伊勢丹の2013年なら，売上高100円あたり約2.15円の営業利益がでているということになります。このようにすれば，規模の異なる企業間でも，業績の良し悪しを比較することができます。

パーセンテージの場合，小数点以下の数値を上記のようにたくさん表示する必要性はあまりないと思いますし，また，桁数が多すぎると見にくいということもありますので，ここで，上記の売上高営業利益率を小数点以下第2位まで表示することにしたいと思います。以下の命令を実行してください。

```
round(Hya_ErPerU,2)
```

すると，以下のようになるはずです。

	Mitsukoshi	Takashimaya	H2O
2009	1.37	2.54	2.63
2010	0.32	1.53	1.71
2011	0.90	2.09	2.27
2012	1.92	2.46	1.97
2013	2.15	2.93	2.03

小数点以下第3位の数字が四捨五入されて，小数点以下第2位まで表示されました。round( )はこのように，小数点以下のある決まったところまで表示させるための命令です。カンマ（,）の左側には，対象となる数値（ベクトルやデータフレームでもよい）を記入し，右側には小数

点以下第何位までを表示させるのかを示す数値を入れます。これで売上高営業利益率の数値がすっきりとして見やすくなりました。

では，各社の売上高営業利益率の数値を見てみましょう。まず，3社とも2010年に利益率が低下したあと，おおむね回復傾向にあることがわかります。この特徴は営業利益の金額でみたときと同じです。しかし，利益率をとることで，新たな事実も見えてきます。まず，高島屋が直近では3社の中で最も高い利益率であることがわかります。2012年，2013年の数値を見ると，営業利益の金額では三越伊勢丹よりも少ないですが，売上高営業利益率では三越伊勢丹を上回っています。また，三越伊勢丹とエイチ・ツー・オーを比較しても興味深いことがわかります。営業利益の金額ではエイチ・ツー・オーは三越伊勢丹よりもはるかに少ないですが，売上高で割った利益率になるとエイチ・ツー・オーの方が三越伊勢丹をおおむね上回っていることがわかります。三越伊勢丹は，売上高で見ても，営業利益で見ても金額的には3社の中で最も大きいですが，売上高営業利益率ではやや劣っていることが読み取れます。逆に，エイチ・ツー・オーは売上高や営業利益の金額としては3社で最も少ないですが，売上高営業利益率では他の2社と遜色のない成績を残していることがわかります。

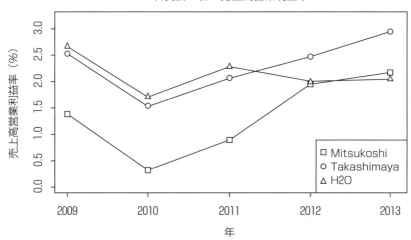

1.2 売上高経常利益率
1.2.1 売上高経常利益率とは
売上高経常利益率とは，経常利益を売上高で割ったものです。

$$売上高経常利益率 = \frac{経常利益}{売上高}$$

経常利益とは，第2章2.6でも見たように，メインの活動かどうかは関係なく，毎年くり返される活動がどの程度うまくいったのか，言い換えると，本業と金融活動を含めた経常的な活動がどの程度成功したのかを表すものです。売上高で割ることによって，1円あたりの経常利

益が算出され，規模の影響をなくしたうえで比較することができます。売上高経常利益率が他社よりも高ければ，**毎年の活動から利益を生み出す力（経常的な収益力）が他社よりも優れている**ということになります。つまり，特別なことがなければ他社よりもたくさんの利益を獲得できる力があるということになりますので，売上高経常利益率は企業の基礎的な収益力を把握するための有益な指標となります。

また，**売上高経常利益率と売上高営業利益率を比較するのも有効**です。たとえば，売上高経常利益率も売上高営業利益率も高ければ，その企業の収益力は非常に良好であるといえるでしょう。営業利益に金融活動の結果を加えたものが経常利益ですので，両方の利益率が高いということは，本業が好調であり，なおかつ金融活動でも失敗がなかったことを意味するからです。しかし，売上高営業利益率が低く，売上高経常利益率の数値が劇的に高くなっているという場合は，注意が必要かもしれません。この場合は，低い営業利益を金融活動の収益で補い，高い売上高経常利益率を達成していると考えられます。しかし，金融活動はあくまでも付随的な活動です。メインの活動の利益（営業利益）が低く，いわば「おまけ」ともいえる金融活動の方がよくもうかる，というのでは，その企業の業績は好調とはいえないでしょう。同じ水準の売上高経常利益率を達成するのであれば，その大部分が売上高営業利益率で裏付けられている方が，業績としては良好であるといえます。

1.2.2 Rによる練習

■**経常利益の算出**　1.1.2でやったのと同様に，データフレームを用いて経常利益を算出してみましょう。経常利益は，営業利益に営業外収益を加え，営業外費用を差し引いたものですから，まずは営業外収益のデータを準備します。

```
Mitsukoshi_EGS=c(35219,29877,29702,27122,23513)
Takashimaya_EGS=c(5330,5667,6460,5239,6157)
H2O_EGS=c(3637,3506,3064,2891,2981)
```

上記は，2009年から2013年までの百貨店各社の営業外収益の数値です。「EGS」は「営業外収益」の頭文字です。これで各社の営業外収益ベクトルができましたので，次にデータフレームを作成します。

```
Hyakkaten_EGS=data.frame(Mitsukoshi=Mitsukoshi_EGS,
                Takashimaya=Takashimaya_EGS,H2O=H2O_EGS)
rownames(Hyakkaten_EGS)=2009:2013
```

これで「Hyakkaten_EGS」という名前のデータフレームが作成されました。では，その中身を見てみましょう。

```
Hyakkaten_EGS
```

すると，以下のようなデータフレームが出力されます。

```
         Mitsukoshi    Takashimaya      H2O
2009       35219          5330         3637
2010       29877          5667         3506
2011       29702          6460         3064
2012       27122          5239         2891
2013       23513          6157         2981
```

これが3社の営業外収益の一覧です。1.1.2でみた売上高から，3社の中で最も規模が大きいのは三越伊勢丹であることがわかりますが，売上高でみる大きさの違い以上に，**営業外収益において，三越伊勢丹は他の2社より顕著にその金額が大きくなっている**ことがわかります。三越伊勢丹は，三越と伊勢丹の経営統合により2008年4月に設立された会社ですが，この統合に伴う収益や，関連会社の利益が多く出ており，それが営業外収益に現れています。

では次に，営業外費用についても，同様にデータを作成しましょう。

```
Mitsukoshi_EGH=c(19749,14324,13601,12503,15935)
Takashimaya_EGH=c(2136,2331,2150,1983,1766)
H2O_EGH=c(1751,1926,2409,2538,2312)
```

「EGH」は「営業外費用」のことです。次に，データフレームを作ります。

```
Hyakkaten_EGH=data.frame(Mitsukoshi=Mitsukoshi_EGH,
                Takashimaya=Takashimaya_EGH,H2O=H2O_EGH)
rownames(Hyakkaten_EGH)=2009:2013
```

データフレームの作成に関する命令は，データフレーム名と，用いるベクトルの名前が異なるだけですので，以前に作成したときの命令をコピー＆貼り付けして，名前の部分だけ変えれば，楽に入力できるでしょう。では，営業外費用のデータフレームを確認してみましょう。

```
Hyakkaten_EGH
```

すると，以下のように出力されます。

```
         Mitsukoshi    Takashimaya      H2O
2009       19749          2136         1751
2010       14324          2331         1926
2011       13601          2150         2409
2012       12503          1983         2538
2013       15935          1766         2312
```

ここでも，三越伊勢丹の計上額が著しく大きくなっています。営業外費用の代表的項目である支払利息（第2章2.6を参照）自体も他の2社より多いですが，商品券の回収にまつわる費

用など，利息以外の費用もかなり多く計上されています。

以上で営業外収益・営業外費用のデータフレームができましたので，経常利益を算出する準備ができました。以下の命令を実行しましょう。

`Hyakkaten_Kr=Hyakkaten_Er+Hyakkaten_EGS-Hyakkaten_EGH`

1.1.2で求めた営業利益（Hyakkaten_Er）に営業外収益（Hyakkaten_EGS）を加え，営業外費用（Hyakkaten_EGH）を引き，その結果に対して「Hyakkaten_Kr」という名前を付けました。「Kr」は「経常利益」のことです。では，経常利益の金額を見てみましょう。

`Hyakkaten_Kr`

すると，以下のような出力が得られるはずです。

	Mitsukoshi	Takashimaya	H2O
2009	35053	28004	15304
2010	19731	16764	9604
2011	27094	22484	11211
2012	38453	24356	10312
2013	34217	29867	11340

これが，百貨店3社の経常利益の金額です（単位：百万円）。営業利益と比べてみるとわかりますが[13]，すべての年度において，三越伊勢丹の経常利益が3社中最も大きくなっています。営業利益において高島屋やエイチ・ツー・オーよりも下回る年度があったことと比べると対照的な特徴が見られます。この三越伊勢丹の経常利益には，さきほど見た営業外収益が大きく作用しています。3社とも，すべての年度で営業外収益が営業外費用を上回り，営業利益よりも経常利益の方が金額が大きくなっていますが，三越伊勢丹はこの営業外収益の超過分が金額として非常に大きいために，経常利益が営業利益と比べて大きく増加することになっています。

■**売上高経常利益率の算出** 1.1.2のときと同様に，以下の命令を実行してください。

`Hya_KrPerU=(Hyakkaten_Kr/Hyakkaten_U)*100`

これは，経常利益の金額を売上高で割り，100を掛けたものに対して，「Hya_KrPerU」という名前を付けたことを意味しています。「KrPerU」は経常利益（Kr）を売上高（U）で割る（Per）という意味です。これで，百貨店3社の売上高経常利益率が算出されます。では，その中身を見てみましょう。

`Hya_KrPerU`

すると，以下のような出力が得られます（単位：パーセント）。

```
          Mitsukoshi    Takashimaya    H2O
2009      2.456956      2.868921       3.003582
2010      1.527620      1.909859       2.041688
2011      2.219415      2.585928       2.410797
2012      3.101246      2.838288       2.039605
2013      2.767620      3.431679       2.159367
```

このままでは見にくいので，売上高営業利益率のときと同様に，小数点以下第3位を四捨五入して，第2位まで表示させることにしましょう。

```
round(Hya_KrPerU,2)
```

すると，以下のようになります。

```
          Mitsukoshi    Takashimaya    H2O
2009      2.46          2.87           3.00
2010      1.53          1.91           2.04
2011      2.22          2.59           2.41
2012      3.10          2.84           2.04
2013      2.77          3.43           2.16
```

　これをまずは経常利益の金額と比較してみましょう。金額としては三越伊勢丹の経常利益が最も高かったですが，売上高100円あたりの金額（売上高経常利益率）で見てみると，2013年は高島屋がトップであることがわかります。三越伊勢丹はここ2年ほどで売上高経常利益率を上げてきているものの，2009年から2011年までは3社中最も低い値でした。経常利益の金額が3社中トップであったことと比べると，対照的です。

　次に，売上高営業利益率と比べてみましょう。3社のうち，高島屋とエイチ・ツー・オーについては，売上高営業利益率よりも売上高経常利益率の数値が若干高くなっていることがわかります。これはいうまでもなく，営業外収益と営業外費用の差額（さしあたり，「営業外の利益」と呼ぶことにします）が加算されて営業利益よりも経常利益の方が大きくなっていることを反映しているものですが，その上昇分はそれほど大きくはありません。これに対して，三越伊勢丹は，売上高営業利益率よりも売上高経常利益率の数値が高くなっている点では他の2社と同じですが，その上昇分が他2社よりもかなり大きいように感じられます。このことを確かめるため，Rで次の計算をしてみましょう。

```
Hya_KrPerU-Hya_ErPerU
```

すると，以下のような出力が得られるはずです。

```
        Mitsukoshi    Takashimaya    H2O
2009    1.0843326     0.3272152      0.3701487
2010    1.2041495     0.3800579      0.3358879
2011    1.3189195     0.4957014      0.1408502
2012    1.1790267     0.3794328      0.0698197
2013    0.6129417     0.5045201      0.1273912
```

営業利益と経常利益の違いは，「営業外の利益」が加算されているかどうかです。つまり，「営業利益＋営業外の利益」が経常利益です。上記の数値は売上高経常利益率と売上高営業利益率の差ですので，これは結局，「営業外の利益」の売上高に対するパーセンテージ，つまり，売上高100円あたりの「営業外の利益」の金額を表すものです。これを見ると，三越伊勢丹はすべての年度でこの値が3社中最高であり，しかも，5年中4年で1パーセント以上，売上高営業利益率を押し上げる効果を「営業外の利益」が持っていたことがわかります。

先に述べたように，営業外の活動は，まさしく営業「外」という名前が表しているように，メインではない付随的な活動です。三越伊勢丹は売上高経常利益率において，他の2社に劣らない数値となっていますが，これは営業外の活動によって押し上げられているという側面があります。営業外の活動がうまくいくこと自体は，もちろん企業にとってプラスにはたらきますが，三越伊勢丹が今後利益率を伸ばしていくためには，売上高営業利益率をいかに高めることができるかがポイントとなりそうです。

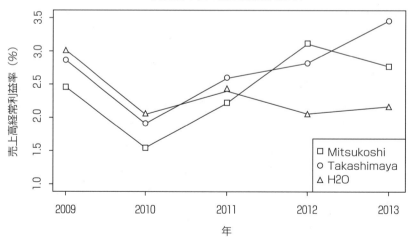

1.3 売上高純利益率
1.3.1 売上高純利益率とは

売上高純利益率とは，当期純利益を売上高で割ったものです。

$$売上高純利益率 = \frac{当期純利益}{売上高}$$

　当期純利益とは，第2章2.1や2.8ですでに見たように，すべての収益からすべての費用を控除して残る金額のことです。ここには，メインの活動かそうでないか，あるいは経常的な活動かそうでないか，といったことも含めて，企業の行うすべての活動が反映されていますので，当期純利益を比較することによって**企業の最終的な成績の良し悪し**を判断することができます。ここでも，売上高で割ることで売上高1円あたりの金額にし，規模の異なる企業同士でも比較できるようにします。

　当期純利益と，前節で見た経常利益との最大の違いは，特別利益・特別損失が含まれているかどうか，つまり，臨時的な利益や損失が含まれているかどうかです（税金の計算は税引前利益を基礎として一定のルールのもとに行われるものですので，ここでは考えないことにします）。当期純利益には臨時的な活動や出来事が反映されますので，経常利益までには見られなかったような，大きな変動が起こることがあります。

　たとえば，業績不振で赤字が出そう（当期純損失が出そう）という状態にある企業は，このまま赤字を報告するのは企業の印象を悪くするということで，どうにかして黒字を達成したいと思うかもしれません。このとき，たとえば固定資産や子会社株式を売却することによって少しでも利益をかせごうとすることが考えられます。もし，この固定資産や子会社株式の売却で利益が出た場合，この利益は経常的な性質を持たない（毎年くり返し起こるものではない）ため，その時限りの臨時的なものということで，特別利益として計上されます。

　あるいは，同じように業績不振でも，大幅な赤字覚悟で，思い切った構造改革を行おうとする企業もあるかもしれません。今は大きく赤字になったとしても，改革を行うことで企業の体質を改善すれば，利益が出るようになり，将来復活できるかもしれません。このような取り組みは**リストラ**（リストラクチャリング）と呼ばれることも多いですが，リストラを行う過程では，大きな損失が出ることがよくあります。

　たとえば，業績不振の企業は過剰な生産設備や土地を抱えていることがあります。こうした必要以上の設備や遊休不動産は，このまま保有していても利益を生み出すことが期待できないため，これらを売却し，資産の無駄をなくせば，体質が改善し利益が出るようになるかもしれません。しかし，こうした設備や不動産は価値が低いために売却すると損が出てしまうことも多いでしょう。また，業績不振の企業にとって，人件費負担は非常に重いものです。そこで，早期退職を募るなどして人員を削減することにより，将来の人件費負担を軽減しようとすることも考えられます。この場合，多額の退職金支払いが生じますから，大きなコストが発生してしまいます。このような，設備や人員の削減に伴う売却損や追加の費用は，臨時的なものとして特別損失に計上されます。

　このように，当期純利益には臨時的な性質の利益・損失が含まれますから，売上高純利益率を見るときには，売上高経常利益率との差異や，過去から現在にかけての数値の変化に注意する必要があります。

1.3.2 Rによる練習

■**当期純利益の算出**　営業利益，経常利益のときと同様に，データフレームを用いて当期純利益を算出しましょう．まず，特別利益のデータを準備します．

```
Mitsukoshi_TR=c(1330,17889,829,664,531)
Takashimaya_TR=c(447,1184,10500,185,0)
H2O_TR=c(271,2197,779,1020,7159)
```

これが百貨店3社の過去5年の特別利益の金額です（「TR」は「特別利益」の頭文字）．次に，データフレームを作ります．

```
Hyakkaten_TR=data.frame(Mitsukoshi=Mitsukoshi_TR,
                  Takashimaya=Takashimaya_TR,H2O=H2O_TR)
rownames(Hyakkaten_TR)=2009:2013
```

これで，百貨店3社の特別利益が一覧表になりました．では，中身を確認してみましょう．

```
Hyakkaten_TR
```

すると，以下のようなデータフレームが出力されるでしょう（単位：百万円）．

	Mitsukoshi	Takashimaya	H2O
2009	1330	447	271
2010	17889	1184	2197
2011	829	10500	779
2012	664	185	1020
2013	531	0	7159

2013年の高島屋のようにゼロという年もあれば，2011年の高島屋や2010年の三越伊勢丹のように，100億円を超える利益（いずれも固定資産売却益（第2章2.8を参照）がその多くを占めています）が計上される年もあるなど，年ごとにかなりばらつきがあることがわかります．すでにみたように，特別利益は臨時的なものであり，毎年くり返し得られるという性質のものではありませんので，それが数値にもよく表れているといえます．では次に，特別損失について見てみましょう．

```
Mitsukoshi_TS=c(24897,77344,21349,13454,12197)
Takashimaya_TS=c(8494,5549,7527,5265,3686)
H2O_TS=c(6124,6034,6143,8494,7204)
```

これが3社の過去5年の特別損失です．では，データフレームを作成しましょう．

```
Hyakkaten_TS=data.frame(Mitsukoshi=Mitsukoshi_TS,
                       Takashimaya=Takashimaya_TS,H2O=H2O_TS)
rownames(Hyakkaten_TS)=2009:2013
```

すると，以下のような出力が得られます（単位：百万円）。

	Mitsukoshi	Takashimaya	H2O
2009	24897	8494	6124
2010	77344	5549	6034
2011	21349	7527	6143
2012	13454	5265	8494
2013	12197	3686	7204

　3社の特別損失が一覧表になりました。特別損失も臨時的な性質がありますので，さまざまな金額が計上される可能性がありますが，各社ともに何らかの損失が各年で発生しており，少なくとも数十億円の損失が計上されています。とくに三越伊勢丹の特別損失は他の2社と比べても金額が多く，またそのばらつきも大きいように感じられます。三越伊勢丹は2010年に巨額の特別損失（およそ773億円）を計上しており，この一覧の中でも目立つ数値となっていますが，ここでは収益性の低下した固定資産に関して計上される減損損失や，リストラに伴う構造改革損失がその大半を占めています。高島屋やエイチ・ツー・オーにおいても，固定資産除却損や早期割増退職金，店舗閉鎖に伴う損失などが計上されています。

　最後に，税金その他の費用について，データを作成しましょう。

```
Mitsukoshi_Znado=c(6801,23797,3932,-33229,-2741)
Takashimaya_Znado=c(8205,4689,11608,8379,9639)
H2O_Znado=c(3068,2750,2737,1779,5093)
```

　上記の数値は，税金その他の，当期純利益の算出にあたって差し引かれる金額をまとめたものです。「その他」というのは，具体的には税金に関する調整額[14]や，子会社の少数株主の利益になる部分[15]のことです。「Znado」は「税金など」という意味です。それでは，データフレームを作成しましょう。

```
Hyakkaten_Znado=data.frame(Mitsukoshi=Mitsukoshi_Znado,
                          Takashimaya=Takashimaya_Znado,H2O=H2O_Znado)
rownames(Hyakkaten_Znado)=2009:2013
```

そして，

```
Hyakkaten_Znado
```

を実行すると，以下のようになります．

```
         Mitsukoshi    Takashimaya         H2O
2009           6801           8205         3068
2010          23797           4689         2750
2011           3932          11608         2737
2012         -33229           8379         1779
2013          -2741           9639         5093
```

高島屋とエイチ・ツー・オーについては，それほど大きなばらつきはないようですが，三越伊勢丹は年によって非常に税金額が大きくなったり，またはマイナスだったりということが起こっています．これには注14)でも述べた，法人税の調整額が大きく影響しています．

それでは，上記のデータから，当期純利益を算出しましょう．以下の命令を実行してください．

Hyakkaten_Jr=Hyakkaten_Kr+Hyakkaten_TR-Hyakkaten_TS-Hyakkaten_Znado

これは，経常利益に特別利益を加え，特別損失と税金等を差し引いたものに「Hyakkaten_Jr」という名前を付けたことを意味しています．「Jr」は「純利益」のことです．では，当期純利益の金額を確認しましょう．

Hyakkaten_Jr

すると，以下のようになります．

```
         Mitsukoshi    Takashimaya         H2O
2009           4685          11752         6383
2010         -63521           7710         3017
2011           2642          13849         3110
2012          58892          10897         1059
2013          25292          16542         6202
```

これらの金額を見ると，営業利益・経常利益と比べて，**当期純利益では各年度の利益の変動が大きくなっている**ことがわかります．これは特別利益・特別損失や，税金の調整額など，一時的なプラス・マイナスが当期純利益には含まれるためです．そこで，当期純利益に関しては，次項で経常利益からの算出プロセスを追いかけて，何が最終的な金額に作用しているのかを見てみることにしましょう．

■経常利益から当期純利益への算出プロセス　経常利益に加算・減算が行われて当期純利益が算出される様子をよりわかりやすく見ることができるような一覧表を作ってみましょう．次のような命令を実行してみてください．

```
Mitsukoshi_Jr=data.frame(Kr=Hyakkaten_Kr$Mitsukoshi,TR=Mitsukoshi_TR,
                TS=Mitsukoshi_TS,Znado=Mitsukoshi_Znado,
                Jr=Hyakkaten_Jr$Mitsukoshi)
rownames(Mitsukoshi_Jr)=2009:2013
```

上記の命令の意味を説明します。data.frame( ) はデータフレームを作る命令で，これまでやったものと同じです。( ) の中ですが，「Hyakkaten_Kr$Mitsukoshi」とあるのは，「Hyakkaten_Kr」データフレームの中の，「Mitsukoshi」という名前の列，という意味です。Hyakkaten_Krデータフレームは，1.2.2で作りましたので，それを見てください（あるいは，Hyakkaten_Krを実行する，RStudio右上の画面から確認する，という方法もあります）。Hyakkaten_Krデータフレームには，「Mitsukoshi」「Takashimaya」「H2O」の3つの列がありますが，上記の命令はそのうちの「Mitsukoshi」の列だけを取り出すことを意味します。つまり，データフレーム名と列名の間にドルマーク（$）を入れ，「データフレーム名$列名」とすることにより，データフレームの中の特定の列だけを取り出すことができるのです[16]。「Hyakkaten_Jr$Mitsukoshi」のところも同様で，「Hyakkaten_Jr」データフレームの中のMitsukoshiの列のデータ，という意味です。その他の部分は，「Mitsukoshi_TR」のデータを列名「TR」で，「Mitsukoshi_TS」のデータを列名「TS」で，「Mitsukoshi_Znado」のデータを列名「Znado」で，それぞれデータフレームにすることを意味しています。

それでは，上記の命令で作成されたデータフレームの内容を見てみましょう。

```
Mitsukoshi_Jr
```

すると，以下のような出力が得られるでしょう（単位：百万円）。

	Kr	TR	TS	Znado	Jr
2009	35053	1330	24897	6801	4685
2010	19731	17889	77344	23797	-63521
2011	27094	829	21349	3932	2642
2012	38453	664	13454	-33229	58892
2013	34217	531	12197	-2741	25292

これは，「5行5列」のデータフレームです。まず列を見てください。第1列は経常利益（Kr），第2列は特別利益（TR），以下特別損失（TS），税金等（Znado），当期純利益（Jr）の順にデータが並んでいます。各行は，2009年から2013年までの各年ごとのデータとなっています。経常利益から当期純利益までの各数値が，これまでに作成したものと一致していることを確かめてください。

このような形式にすれば，経常利益から出発して，特別利益・特別損失・税金等の加減を経て（TRは加算，TSとZnadoは減算する），当期純利益が算出される様子がよりよくわかるのではないかと思います。三越伊勢丹に関してみてみると，2009年，2010年，2011年は経常利

益をあげているものの，多額の特別損失が計上されたことで当期純利益が大幅に少なくなったり，またはマイナス（当期純損失）になったりしていることがわかります。また，2012年には，前年から当期純利益が大幅に改善されていますが，その要因は特別損失が減少したことと，多額の税金調整額に助けられた（マイナスなので，税金が戻ってくるような計算になり，当期純利益が増加する）ことであったことがわかります。税金の調整額は一時的なものですので，2012年の当期純利益の金額は，例外的に大きかったものと見た方がよいかもしれません。それは，2013年の数値を見るとわかります。2013年の当期純利益は前年から大きく減少していますが，経常利益・特別利益・特別損失の金額は2012年とさほど変化していません。2013年の減少の大きな要因は，税金の調整額が大きく減少したことであったことがわかります。

　では，高島屋についても同じ方法で当期純利益の算出プロセスを示すデータフレームを作ってみましょう。以下のようにします。

```
Takashimaya_Jr=data.frame(Kr=Hyakkaten_Kr$Takashimaya,TR=Takashimaya_TR,
                TS=Takashimaya_TS,Znado=Takashimaya_Znado,
                Jr=Hyakkaten_Jr$Takashimaya)
rownames(Takashimaya_Jr)=2009:2013
```

　さきほど，「Hyakkaten_Kr$Mitsukoshi」としたところで，ドルマーク（$）の右の部分が「Takashimaya」に変わっていることに注意してください。これは，「Hyakkaten_Kr」データフレームのTakashimayaの列のデータ，という意味です。Hyakkaten_Jr$Takashimayaのところも同様です。その他，データがすべて高島屋のものになっていることも確認してください。それでは，作成された「Takashimaya_Jr」データフレームの中身を見てみましょう。

```
Takashimaya_Jr
```

すると，以下のような出力が得られるはずです。

	Kr	TR	TS	Znado	Jr
2009	28004	447	8494	8205	11752
2010	16764	1184	5549	4689	7710
2011	22484	10500	7527	11608	13849
2012	24356	185	5265	8379	10897
2013	29867	0	3686	9639	16542

　高島屋の当期純利益は，三越伊勢丹と比べると，変動が少ないようです。2011年に大きく金額を増加させていますが，これは経常利益の回復と，特別利益（ほぼすべて固定資産売却益）の発生によるものです。また，2013年にも大きく利益が増加していますが，これは主として経常利益の増加によるものであることがわかります。

　では最後に，同様にしてエイチ・ツー・オーについてもデータフレームを作成してみましょう。

```
H2O_Jr=data.frame(Kr=Hyakkaten_Kr$H2O,TR=H2O_TR,
                  TS=H2O_TS,Znado=H2O_Znado,
                  Jr=Hyakkaten_Jr$H2O)
rownames(H2O_Jr)=2009:2013
```

続いて，データフレームの内容を見てみます．

```
H2O_Jr
```

すると，以下のようになります．

	Kr	TR	TS	Znado	Jr
2009	15304	271	6124	3068	6383
2010	9604	2197	6034	2750	3017
2011	11211	779	6143	2737	3110
2012	10312	1020	8494	1779	1059
2013	11340	7159	7204	5093	6202

　上記の高島屋と比較すると，エイチ・ツー・オーは，経常利益の金額が高島屋の半分程度ですが，そのわりには特別損失の金額が大きいように感じられます．いつも同じ種類の費用がかかっているわけではありませんが，店舗閉鎖に伴う費用，固定資産除却損，減損損失，人事制度改変に伴う費用などで，毎年のように60億円以上の特別損失が計上されています．その結果，エイチ・ツー・オーの当期純利益は，3社の中でも平均して小さい金額となっているように思われます．

■**売上高純利益率の算出**　売上高純利益率の算出方法は，売上高営業利益率，売上高経常利益率のときと同様です．以下の命令を実行してください．

```
Hya_JrPerU=(Hyakkaten_Jr/Hyakkaten_U)*100
```

「JrPerU」は，純利益（Jr）を売上高（U）で割る（Per）ということで，売上高純利益率を表します．計算式は，当期純利益（Hyakkaten_Jr）を売上高（Hyakkaten_U）で割り，100を掛けるというものです．では，算出された売上高純利益率を小数点以下第2位まで表示させる形で見てみましょう．

```
round(Hya_JrPerU,2)
```

すると，以下のような出力が得られます．

	Mitsukoshi	Takashimaya	H2O
2009	0.33	1.20	1.25
2010	-4.92	0.88	0.64
2011	0.22	1.59	0.67
2012	4.75	1.27	0.21
2013	2.05	1.90	1.18

　これが百貨店３社の５年間の売上高純利益率です。この３社間で比較をしてみると，まず高島屋は比較的数値が安定しており，つねに１％〜２％程度の売上高純利益率をあげていることがわかります。エイチ・ツー・オーはさきほども見たとおり，特別損失の金額が利益の水準に対して大きく，その影響もあって１％を下回る年が目立ちます。三越伊勢丹は３社の中で最も業績の変動が激しいといえます。2010年は多額の特別損失が響き，利益率がマイナスとなっています。2012年は高い利益率となっていますが，これは税金の調整が大きく作用しています。調整額が少なくなった2013年の利益率は2.05％であり，高島屋とあまり変わりません。三越伊勢丹は，当期純利益の金額では高島屋を上回っていますが，売上高100円あたりの金額，すなわち売上高純利益率で比べると，高島屋とほぼ同等であるといってよいでしょう。

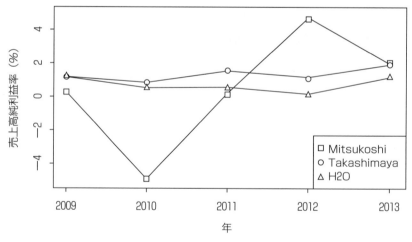

百貨店３社の売上高純利益率

❷ 回転率の分析

　「あのお店は回転がいい」などという表現を見たことがある方は多いと思います。❶では売上高利益率について学習しましたが，ここでは回転のよさを表す回転率について学びます。売上高利益率は，売上高１円あたりの利益の金額を見ることで，「もうけ」の大きさを分析するものでした。ここで取り扱う回転率は，企業が利益を得るために行う活動が，どの程度早いサイクルでくり返されているかを分析するものです。

2.1　総資本回転率
2.1.1　総資本回転率とは

ここからは，回転のよさを測るために用いられる代表的な指標について見ていくことにしましょう。まずは総資本回転率です。総資本回転率は，以下の計算式で算出されます。

$$総資本回転率 = \frac{売上高}{総資本}$$

つまり，売上高を総資本で割ったものです。この値が高ければ高いほど，回転がよいことになります。ここで，「総資本」とは何か，読者の皆さんは覚えておられるでしょうか。第2章1.2でも見たように，総資本とは，「負債と資本の合計額」のことであり，企業の資金の総額を表します。たとえば，負債が4000，資本が6000なら，総資本は10000となります。そしてもう1つ，大事な性質を思い出してください。それは，総資本と総資産は必ず同じ金額である，ということです。つまり，

$$総資本 = 総資産$$

という関係があります。ですから，総資本が10000なら，総資産も10000となります。資金が投下されたものが資産ですから，総資本（使うための資金の合計）と総資産（資金の使い道の合計）は当然一致します。貸借対照表に即していえば，貸借対照表の右側（総資本）と左側（総資産）は必ず同じ金額である，ということです。したがって，総資本回転率は，次の式でも計算できます。

$$総資本回転率 = \frac{売上高}{総資産}$$

分母が総資産に置き換わっていることを確認してください[17]。総資本回転率はどちらの式で計算しても同じですが，その直感的な意味を理解するためには，総資産を分母に用いる式の方がわかりやすいと思います。このことから，ここからは総資本回転率とは，売上高を総資産で割ったものであることを念頭に置いて話を進めることにします。

2.1.2　総資本回転率の考え方

ところで，売上高を総資産で割ったものがなぜ「回転のよさ」を表すことになるのでしょうか。言い換えれば，売上高を総資産で割った値が高いことが，なぜ回転がよいということになるのでしょうか。このことを理解するために，簡単な例を考えてみましょう。

いま，2軒のラーメン屋さん（「A店」と「B店」としましょう）があるとします。A店，B店ともに1日の売上高は10万円，席数はA店が10席，B店は20席であるとしましょう。このとき，A店とB店で「回転がよい（速い）」のはどちらだと思われますか。こう考えれば簡単におわかりになることと思いますが，答えはA店です。A店は，B店より席数が少ない（B店の半分）ですが，B店と同じ金額の売上高を達成しています。席数が少ないということは，店

に入れるお客さんの数が少ないということです。それにもかかわらずA店がB店と同じ売上高を達成しているということは，B店よりもお客さんの入れ替わりが多かった，つまり，回転を速くしてたくさんのお客さんをさばいた，ということになるのです。

　ここで，ラーメン店にある席（イス）を「資産」と考えれば（実際，ラーメン店のイスは「備品」という名前の資産です），上記の例は売上高を資産で割り，回転率を求めていることと同じであるといえます[18]。売上高をイスの数で割ると，A店は10,000（10万÷10），B店は5,000（10万÷20）となります。これが何を表しているかというと，「1席あたりの売上高」です。A店は1席あたり1日10,000円の売上高があり，B店は1席あたり1日5,000円の売上高であったということになります。ここから，**「回転がよい」ということは，「資産1単位あたりの売上高が高い」**ということであるといえます。1席あたりの売上高が高いということは，それだけたくさんのお客さんがその席に座ってラーメンを食べて行った，ということなので，回転が良かったことになるのです。

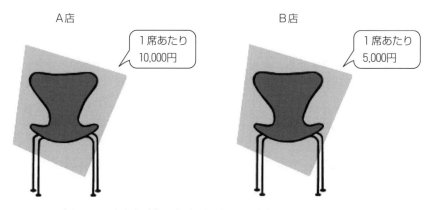

1席あたりの売上高が高い方が回転がよいと考えられる。

　総資本回転率は，上記の式からもわかるとおり，少ない資産でたくさんの売上高をあげれば（つまり分母を小さく，分子を大きくするようにすれば），高くなります。言い換えれば，資産1単位あたりの売上高を高くすれば，回転率が高くなるのです。さきほどのラーメン屋の例では「資産1単位」を「1席」，つまり1つのイスとしましたが，これを「1円」と考えても本質は同じです。**総資本回転率は，「資産1円あたりの売上高」を表すものであり，これが大きければ大きいほど，回転がよい**ということになります。

2.1.3　回転率の良否

　総資本回転率に関して，「この数値より高ければよい」とか「この数値より低ければ悪い」といった絶対的な基準はありません。しかし，考えやすい目安をあげるとすれば，「1」，つまり「1回転」より上か下か，ということが考えられます。これは以下のような考えによるものです。

　総資本回転率が1であるとはどういうことでしょうか。それは，上記の式からもわかるとお

り，「売上高＝総資産」の状態です。そして，総資本回転率が１を上回るのは，「売上高＞総資産」つまり「売上高が総資産よりも大きい」ときです。売上高が総資産を上回るということの意味は，感覚的な表現を用いれば「元を取った」ということであるととらえることができます。再びたとえ話でこのことを考えてみましょう。

　読者のみなさんで，バイキング形式の食事をレストランでとった経験のある方は多いと思います。たとえば，3,000円払って90分食べ放題のバイキングに出かけたとしましょう。このとき，みなさんはどういうことを考えますか。「元を取ってやるぞ！」と考える方も多いのではないでしょうか。では，「元を取る」とはどういうことでしょうか。それは，今回の例なら，「食べた料理の金額が3,000円相当を超える」ということでしょう。3,000円を払って食べるのですから，最低でも3,000円分，できれば3,000円分を超えてたくさん料理を食べることができたなら，「得をした」と思うのではないでしょうか。実はこれは回転率の考え方に通ずる感覚です。総資本回転率の式に出てくる用語になぞらえるなら，最初に払った3,000円が総資産，食べた料理の貨幣換算額が売上高に相当します。

　「元を取った」というのは，「**投資を上回る成果が得られた**」ということです。会計学の用語を当てはめると，「資産」が「投資」に相当します。「投資」とは，言い換えれば，「将来に利益を得るため，今お金を使うこと，またその使ったお金」であるといえます。資産はまさしくこれに該当するものです。第２章1.3でもやりましたが，調達したお金をそのまま保管しているだけでは，利益は得られません。企業は，将来において利益を獲得するために，現時点において現金を使って何かを購入するのです。これを「資金投下」というのでしたね。そして，資金投下によって購入されたものを「資産」というのでした。ですから，「資産」は「投資」を表すのです。他方，「成果」に相当するのが「売上高」です。第２章2.1でもみたように，企業の事業活動の成果を表すのが収益であり，「売上高」はその代表的なものです。企業は事業活動によって売上を獲得し，そこからさまざまな費用を差し引くことにより利益が算出されるのでした。ですから，売上高は最も基本的な成果なのです。

　バイキングの話に戻りましょう。最初に払う3,000円は「投資」です。つまり，「3,000円と引き換えに，バイキング料理を食べる権利を買った」と考えればよいのです[19]。そして，「成果」とは「食べた料理（をお金に換算したもの）」でしょう。どんなに食べても料金は3,000円なのですから，少なくとも金額的に考えれば，料理を食べれば食べるほど成果が上がったと考えてよいでしょう。ですから，3,000円を上回る金額分だけ料理を食べることができれば，元を取った，つまり3,000円を有効に活用できたということになるのです。

　これを会計の話に当てはめれば，資産（投資）を上回る売上高（成果）が得られたなら，それは「**投資を，売上高によって金額的に回収できた**」ということになり，資産を有効に活用できたことの１つの目安と考えることができるのです。ですから，「売上高＝資産」なら，「資産に投じた金額がすべて売上高に変わった」ということですので，これを「資産がすべて使い切られた」と考え，資産が「１回転した」と表現するのです。資産は，実際には消えてなくなるわけではありませんので，「１回転した」というのは，資産に投じた「金額」がすべて売上の「金額」に変わった，という気分を表したものです。同様に考えると，「売上高＞資産」なら，

「資産が有効に活用されて売上高に変わり，さらに追加で活用された」ということになります。すでに見たように，総資本回転率は「資産1円あたりの売上高」ですので，**総資本回転率が1を上回るということは，「1円の資産が1円を超える売上高につながった」ということ**ですので，資産に投じたお金の元が取れた，資産を有効活用できた，ということになるのです。

2.1.4　Rによる練習

■**売上高と総資産**　では，百貨店3社の数値を使って，総資本回転率を算出してみましょう。総資本回転率の算出には，売上高と総資産のデータが必要です。このうち，売上高については，すでに1.1.2で，

```
Mitsukoshi_U
Takashimaya_U
H2O_U
```

の3つが用意されていますので，これを用います。試しに，三越伊勢丹の売上高を確認してみましょう。

```
Mitsukoshi_U
```

すると，

```
1426684 1291617 1220772 1239921 1236333
```

と出力されます。売上高のベクトルはずいぶん前に作成したものですが，Rには作成したベクトルはすべて記録されていますので，上記のように命令を実行すればいつでも呼び出すことができます[20]。

総資産のデータはまだ作成していませんでしたので，ここで作業を行います。まず三越伊勢丹の総資産のデータを作りましょう。以下の命令を実行してください。

```
Mitsukoshi_SS=c(1384987,1351633,1238006,1237775,1227947,1223677)
```

これが三越伊勢丹の総資産（頭文字を取って「SS」）の金額です（単位：百万円）。お気づきの方もおられるかもしれませんが，これまで5年分のデータを取り扱ってきたのに，上記の総資産のデータは6つあります。つまり**過去6年分の数値を取っている**のですが，これには理由があります。

すでにみたように，総資本回転率を求める式は以下のとおりです。

$$総資本回転率 = \frac{売上高}{総資産}$$

このうち，分子である「売上高」は1つの年度に1つしかありません。たとえば，「2012年度の三越伊勢丹の売上高」は1つしかなく，それは上記の「Mitsukoshi_U」の数値より

「1236333」です[21]。しかし、**「2012年度の総資産」は実は2つある**のです。それは、「期首の総資産」と「期末の総資産」です。第2章2.3.2でも見たように、会計では、1つの年度の最初の日を期首、最後の日（決算日）を期末と呼びます。三越伊勢丹の2012年度なら、2012年4月1日が期首で、2013年3月31日が期末です。売上高は事業活動の成果であり、「期首から期末までで…円」という**期間的な性質**のものですので、1つの年度に1つだけです。しかし、総資産は「4月1日現在で…円」とか「3月31日現在で…円」などと表現される**時点的な性質**のものです。2012年度であれば、2012年4月1日現在の総資産（期首総資産）と2013年3月31日現在の総資産（期末総資産）の2つが存在します。2012年4月1日と2013年3月31日では1年の違いがありますから、その間に総資産の金額は変化しています。ですから、総資産の場合、2012年度の金額として、どちら（つまり期首の金額と期末の金額）を用いればよいのか、ということを考えなければなりません。

■**フローとストック**　どちらの総資産を用いるのかという問題はあとで述べることにして、さきほど、「期間的」とか「時点的」ということが出てきましたので、ここで会計学を理解するうえで重要な、「**フロー**」と「**ストック**」についてお話ししておきたいと思います。

　フロー（flow）とは、「流れ」のことです。このフローの特徴は、「始まり」と「終わり」があり、その範囲内でどうなったかを把握するような性質であるということです。「流れ」という言葉から連想されるものとして「川」があると思います。川はたしかに流れています。しかし、われわれが川を見たときに「流れている」とわかるのはなぜなのでしょうか。それは、「上流」と「下流」があるからです。風景としてわれわれが川を見るとき、必然的に川の「範囲」を見ています。つまり、始まり（少なくとも、見えている範囲内で上流の方）と終わり（見えている範囲内で下流の方）があり、上流から下流へという方向で水が進んでいるから、われわれは川が流れていることがわかるのです。

　なんだか抽象的な話になってしまいましたが、**とにかく、フローとは、「始まり」と「終わり」の間に生じているものである**と考えてください。これを会計に当てはめて考えると、**売上高はフローである**ということがわかります。売上高は、事業活動の成果です。成果は、ある一定期間に行った努力に対して出てくるものです。

　たとえば、受験勉強をしている学生（T君とします）が、学校や塾の実力テストを受けたとしましょう。このT君は1年前の実力テストでは「C」という判定をもらっていました。しかし、1年間頑張って勉強し、今年のテストでは「B」という判定をもらったとします（当然ですが、「C」より「B」の方が良い判定であるとします）。この場合、1年間でやった勉強が「努力」であり、「C」から「B」へと評価が上がったことが努力の「成果」であったと考えられます。ここで、なぜ成果があがったことがわかるかというと、「C」と「B」の2つから、評価の向上が把握できるからです。どちらか一方しかなければ、評価が上がったのかどうかがわかりません。つまり、「前」と「後」、「始まり」と「終わり」があるからこそ、成果が出たかどうかがわかるのです。

　上記の例からもわかるように、成果とは時間的な範囲があり、その間に生じたものとして把

握されるものです。この意味で成果はフローです。そして，売上高は成果を表すものですから，**売上高はフロー**なのです。また，これと同じ考えで，「成果」の対になる「努力」もフローです。努力も「いつからいつまででこれだけ頑張った」（たとえば1年間で…時間勉強した，など）という形で把握するものですので，成果と同じくある範囲から導かれるフローです。会計でいえば，「売上原価」（仕入れなどの努力を表す）や「販管費」（商品の宣伝活動などの努力を表す）といった費用がこれにあたります。これらのことからわかるとおり，**損益計算書に記載されている「収益」，「費用」およびそれらから導かれる「利益」はすべてフロー項目**です。

次は，ストックについて考えてみましょう。**ストック**（stock）という言葉には，「貯蔵」とか「蓄積」という意味があります。ストックとは，「過去の蓄積の結果，現在どれだけあるか」という量（状態）を表したものです。再び，さきほどの学生T君の例を見てみます。実力テストで得られた「C」とか「B」という判定は，その時点での彼の状態を表しています。たとえば，高校2年の夏休みに「C」という判定だったのであれば，それは，それまでに行ったすべての勉強の結果，T君の実力の水準が「C」の状態であることを表しています。もっと言えば，T君が生まれてから高校2年の夏休みまでに行ったすべての行為がテストに反映され[22]，それが，いま「C」という状態であるということです。同様に，高校3年の夏休みに「B」という判定だったのであれば，それは，生まれてから高校3年の夏休みまでに行ったあらゆる活動がT君の中に蓄積され，それがテストの成績となって現れた結果，いま「B」という状態であるということです。つまり，「C」とか「B」という成績評価は，その時点でのT君のストックを表しているといえます。ストックは，**それまでの履歴をすべて含んだ，現在の状態を表すもの**であるといえます。

上記のことを会計の話に適用してみます。たとえば，三越伊勢丹の2012年4月1日の総資産は，1227947です[23]。これは，三越伊勢丹が過去から2012年4月1日までに行ったすべての活動の結果，現在の総資産が1227947という状態であるということを意味します。会社の歴史が始まった遠い過去から2012年4月1日までの長い年月の間に総資産の金額は数え切れないほどの回数，増えたり減ったりしたことでしょう。そういった増減をすべて反映した結果，2012年4月1日現在の総資産は1227947という金額であるということです。同様に，2013年3月31日の総資産は1223677ですが，これは，三越伊勢丹が過去から2013年3月31日までに行った活動がすべて蓄積され，現在の総資産が1223677という金額になっていることを表しています。つまり，1227947は2012年4月1日時点でのストック，1223677は2013年3月31日時点でのストックなのです。これと同じ考えで，総資産だけでなく，個別の各資産（「現金」，「商品」，「備品」など）もストックです[24]。また，負債（「借入金」など）もストックです[25]。そして，資産と負債の差額である資本もストックです。すなわち，**貸借対照表に記載されている「資産」，「負債」，「資本」はすべてストック項目**なのです。

■**総資産にどの値を用いるべきか** 総資本回転率の話に戻ります。総資本回転率は，売上高を総資産で割ることにより求められますが，ここで，さきほど学んだ用語を用いると，分子である売上高がフローであるのに対して，分母である総資産はストックです。つまり，総資本回転率は，

$$\frac{フロー}{ストック}$$

という形になっているのです。さきほども見たように，フローは「始まり」（会計でいえば期首）と「終わり」（期末）という範囲から発生する値です。数学の図形的な言い方をすれば，始点と終点を結んだ「線」（ないし「線分」）であるといえます。これに対して，ストックは，その時現在の状態を表したものです。会計の決算数値としては2つ存在し，期首時点の値と期末時点の値があります。時「点」というぐらいですから，図形的な言い方をすれば，線ではなく，「点」であるといえます。このように，フローは「線」，ストックは「点」ですから，表している内容がもともと異なるのです。

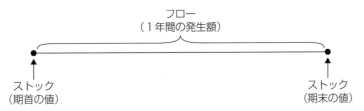

フローは線分，ストックは点としてとらえられる。

ですから，ストックのうち，どちらか一方だけ（つまり，ここでは期首総資産だけ，または期末総資産だけ）を用いると，「線」と「点」を比べていることになり，厳密には適切な計算とはいえないでしょう。そこで，「点」を「線」に変える工夫をしてみます。それは，**「期首の値と期末の値の平均値を求める」**ということです。たとえば，三越伊勢丹の2012年度は，期首総資産が1227947，期末総資産が1223677でした。この2つの平均を求めると，（1227947＋1223677）÷2＝1225812となります。ですから，三越伊勢丹の総資産は，2012年度の期首から期末にかけて，途中で色々と増減はあったものの，平均的には1225812だった，といえます。平均とは，簡単に言えば，2つの値のまん中を表すものですから，この1225812を，「始まり」（期首）と「終わり」（期末）を結ぶ期間的な値とみなしてもよいのではないかと考えられます。つまり期首と期末の平均値は，「点」ではなく，「線」（のようなもの）として考えられるということです。

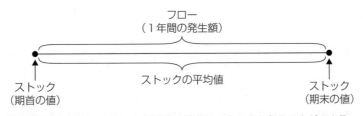

平均値を用いれば，フローと対応する線分のようにとらえることができる。

以上のことから，総資本回転率を求めるときは，分母の総資産には，期首と期末の平均値を用いるのがより適切であるといえます。したがって，総資本回転率は，これ以降，以下の計算

式で求めることにします。

$$総資本回転率 = \frac{売上高}{総資産の期首・期末の平均値}$$

■**平均総資産の算出**　さきほど，三越伊勢丹の総資産として，6つの要素からなるベクトル「Mitsukoshi_SS」を作りました。もう一度その中身を見てみましょう。

```
Mitsukoshi_SS
```

すると，以下のようになります。これが三越伊勢丹の過去6年分の総資産の金額です[26]（単位：百万円）。

```
1384987 1351633 1238006 1237775 1227947 1223677
```

なぜ6つの総資産の金額が必要かというと，分母に平均値を用いることにしたからです。5年分の売上高に対して，5年分の総資産の平均値が必要ですが，平均を5つ取るためには，データが6つ必要なのです。いちばん左の数値と左から2番目の数値を平均したもの（つまり足して2で割ったもの）が2009年の平均総資産，左から2番目と左から3番目の金額の平均が2010年の平均総資産，以下同様に計算し，最後は右から2番目の金額といちばん右の金額の平均が2013年の平均総資産となります。

この平均総資産を求める計算を，以下でRを用いて行ってみましょう。少々ややこしいですが，ゆっくり説明しますので，がんばって理解してください。まず，三越伊勢丹からやりましょう。まず，平均総資産のベクトルの名前を「Mitsukoshi_SSH」とします。「SSH」は，「総資産の平均」という意味です。そして，以下の命令を実行してください。

```
Mitsukoshi_SSH=numeric(5)
```

numeric()というのは，()内の数字の個数だけ「0」という数字が入ったベクトルを作る命令です。別の言い方をすると，()内の数字の長さ[27]の，要素がすべて0のベクトルを作る命令です。ですから，numeric(5)であれば，0が5つ入ったベクトルが作られます。それに対して上記の命令で「Mitsukoshi_SSH」という名前を付けました。実際に中身を見てみましょう。

```
Mitsukoshi_SSH
```

すると，以下のようになります。

```
0 0 0 0 0
```

たしかに，長さ5で要素がすべて0のベクトルになっています。これで，平均総資産の金額を入れるための「箱」ができました[28]。今から，その中身である1つ1つの「0」を左から順に（2009年の平均総資産，2010年の平均総資産，…，2013年の平均総資産）にしていきます。それでは，以下の命令を実行してください。

```
for(i in 1:5){Mitsukoshi_SSH[i]=(Mitsukoshi_SS[i]+Mitsukoshi_SS[i+1])/2 }
```

　この命令の意味を説明します。まず，`for(i in 1:5){ }`の部分です。これは，「`{ }`内のiの部分に1から順に数字を入れていき，それを5になるまでくり返しなさい」という意味です。「1:5」とは，「1,2,3,4,5」のことです。「i in 1:5」とは，「i＝1,i＝2,i＝3,i＝4,i＝5」のことです。`for( ){ }`とは，「`( )`内の変数（この例では「i」）とその範囲（この例では1から5）に関して，`{ }`内の作業（計算）をくり返す」という命令です。では，上記の命令の場合，どのようになるか，1つずつ見てみましょう。

　まず，i＝1について`{ }`内の処理が行われます。`{ }`内の式のiのところに1を代入してみましょう。すると，次のようになります。

```
Mitsukoshi_SSH[1]=(Mitsukoshi_SS[1]+Mitsukoshi_SS[2])/2
```

　`Mitsukoshi_SSH[1]`とは，「Mitsukoshi_SSHベクトルの第1要素」という意味です。ベクトル名の後に`[ ]`を付けると，特定の要素をさすようになります（これについては，第2章1.2を参照してください）。したがって，上記の式の意味は，「Mitsukoshi_SSHベクトルの第1要素は，Mitsukoshi_SSベクトルの第1要素とMitsukoshi_SSベクトルの第2要素を足して2で割ったものである」ということです。「Mitsukoshi_SSベクトルの第1要素」とはさきほど見た6つの金額のいちばん左，すなわち「1384987」のことです。同様に，「Mitsukoshi_SSベクトルの第2要素」とは，左から2番目の「1351633」です。2つの金額を足して2で割るのですから，要するに平均を求めているのです。すでに見たように，いちばん左の数値と左から2番目の数値を平均したものは2009年の平均総資産でした。ですから，i＝1を入れて`{ }`内の処理をすると，結局，**「Mitsukoshi_SSHベクトルの第1要素に2009年の平均総資産が入る」**ということになります。これにより，Mitsukoshi_SSHベクトルの第1要素（上で見た5つの「0」のうち，いちばん左の「0」）が2009年の平均総資産，すなわち1368310（＝（1384987＋1351633）÷2）で置き換わることになります。

　以上がi＝1のときに行われる処理です。**これをi＝2のとき，i＝3のとき…と順番にやっていき，i＝5についての処理を終えるまでくり返します**。すると，Mitsukoshi_SSHベクトルの第2要素に2010年の平均総資産が入り（i＝2のときの処理），Mitsukoshi_SSHベクトルの第3要素に2011年の平均総資産が入り（i＝3のときの処理）…と順番に処理がなされ，最後にMitsukoshi_SSHベクトルの第5要素に2013年の平均総資産が入って（i＝5のときの処理），命令の実行が完了します。では，上記の`for`以下の命令が実行された結果，Mitsukoshi_SSHベクトルはどのようになったのでしょうか。その中身を見てみましょう。

```
Mitsukoshi_SSH
```

すると，以下のような出力が得られることと思います。

```
1368310 1294820 1237891 1232861 1225812
```

これが，三越伊勢丹の5年分の平均総資産です。左から2009年の平均総資産，2010年の平均総資産，…，2013年の平均総資産です。

■**総資本回転率の算出**　ここまでで，三越伊勢丹の総資本回転率を算出する準備が整いました。総資本回転率は，売上高を総資産の平均値で割ることにより算出されますので，以下の命令を実行してください。

```
Mitsukoshi_SSK=Mitsukoshi_U/Mitsukoshi_SSH
```

売上高（Mitsukoshi_U）を平均総資産（Mitsukoshi_SSH）で割り，その結果に対して「Mitsukoshi_SSK」という名前を付けました。「SSK」は「総資本回転率」の頭文字です。これで，「Mitsukoshi_SSK」ベクトルとして総資本回転率が計算されました。このまま，総資本回転率の中身を見てみてもよいのですが，回転率の計算プロセスがよりよくわかるように，データフレームによって売上高，平均総資産，総資本回転率を一覧表示してみたいと思います。以下のようにしてみましょう。

```
M_SSK=data.frame(U=Mitsukoshi_U,SSH=Mitsukoshi_SSH,
                 SSK=round(Mitsukoshi_SSK,3))
rownames(M_SSK)=2009:2013
```

データフレームの作成方法は1.1.2等でやったときとまったく同じです。データフレーム名を「M_SSK」とし（「三越伊勢丹の総資本回転率」という意味ですが，さきほどのベクトル（Mitsukoshi_SSK）と区別するためにこのような名前にしました），data.frame()の命令で以下のような指示をしています。第1列の列名は「U」で，その内容は三越伊勢丹の売上高（Mitsukoshi_U），第2列の列名は「SSH」で内容は三越伊勢丹の平均総資産（Mitsukoshi_SSH），第3列の列名は「SSK」で，内容は三越伊勢丹の総資本回転率（Mitsukoshi_SSK）です。ただし，総資本回転率については，見やすいように，round()で小数点以下第3位まで表示するようにしました。それでは，作成されたデータフレームを見てみましょう。

```
M_SSK
```

すると，以下のようになります。

	U	SSH	SSK
2009	1426684	1368310	1.043
2010	1291617	1294820	0.998
2011	1220772	1237891	0.986
2012	1239921	1232861	1.006
2013	1236333	1225812	1.009

これが，三越伊勢丹の総資本回転率の計算プロセスです。売上高（U）と平均総資産（SSH）から総資本回転率（SSK）が算出される様子を表示しています（単位は売上高と平均総資産については百万円，総資本回転率は「回」）。まず，総資本回転率の値に注目してください。三越伊勢丹の総資本回転率は，5年間を通じて，ほぼ1.0前後で推移しています。先に述べたように，回転率については絶対的な基準があるわけではありませんが，すべての資産（総資産）がおおむね1回転しているということですから，まずまずといったところでしょうか。次に，売上高，総資産との関係を見ましょう。売上高はやや下落傾向にあることがわかります。計算式より，売上高が下がると総資本回転率も下がりますが，三越伊勢丹の場合は，分母である総資産も減少しているため，結果として総資本回転率が横ばいになっています。三越伊勢丹は2010年に巨額の当期純損失を出しており（1.3.2を参照），それによって資本が減少したこと[29]が，総資産減少の大きな要因であると考えられます[30]。

では，三越伊勢丹と同様の方法により，高島屋とエイチ・ツー・オーについても総資本回転率を算出してみましょう。高島屋，エイチ・ツー・オーの過去6年分の総資産は以下のとおりです。

```
Takashimaya_SS=c(758870,750957,785098,817088,803917,790687)
H2O_SS=c(337778,323044,344699,344187,335230,359323)
```

次に，平均総資産を求めます。高島屋からやってみましょう。

```
Takashimaya_SSH=numeric(5)
for(i in 1:5){Takashimaya_SSH[i]=(Takashimaya_SS[i]+Takashimaya_SS[i+1])/2}
```

三越伊勢丹についてやったときの「Mitsukoshi」の部分を「Takashimaya」に変えているだけですので，三越伊勢丹のときにうまくいったなら，大丈夫でしょう。では，高島屋の平均総資産を確認します。

```
Takashimaya_SSH
```

すると，以下のような出力が得られます。

```
754913.5 768027.5 801093.0 810502.5 797302.0
```

平均を求めているので，期首と期末の総資産の合計が奇数の場合，「.5」という数字が出てきます[31]。

では，総資本回転率を求めましょう。

```
Takashimaya_SSK=Takashimaya_U/Takashimaya_SSH
```

さらに，さきほどと同様に，データフレームを作成します。

```
T_SSK=data.frame(U=Takashimaya_U,SSH=round(Takashimaya_SSH),
                 SSK=round(Takashimaya_SSK,3))
rownames(T_SSK)=2009:2013
```

「Takashimaya_SSK」は総資本回転率のベクトル,「T_SSK」は売上高,平均総資産とともに総資本回転率をデータフレームで表示したものです。三越伊勢丹のときと作りかたは同じなのですが,高島屋では,平均総資産についても,表示をすっきりさせるため,round( )を用いました。round( )はカンマで数字を指定しなければ,整数部分のみを表示するように処理してくれます。では,データフレームの内容を確認してみましょう。

```
T_SSK
```

すると,以下のような出力が得られるでしょう。

	U	SSH	SSK
2009	976116	754914	1.293
2010	877761	768028	1.143
2011	869475	801093	1.085
2012	858123	810502	1.059
2013	870332	797302	1.092

これを見ると,高島屋の総資本回転率は,やや低下傾向にあるようです。売上高が2010年の下落以降,それほど伸びていないのに対して,総資産が増加傾向にあることがその要因です。しかし,それでも1回転は上回っています。

次に,エイチ・ツー・オーの総資本回転率です。やり方はまったく同じですので,以下の一連の命令を実行してください。命令をすべて書いておき,マウスで全体をドラッグして範囲指定した状態で実行すれば,一気に処理を行うことができます。

```
H2O_SSH=numeric(5)
for(i in 1:5){ H2O_SSH[i]=(H2O_SS[i]+H2O_SS[i+1])/2 }
H2O_SSK=H2O_U/H2O_SSH
H_SSK=data.frame(U=H2O_U,SSH=round(H2O_SSH),
                 SSK=round(H2O_SSK,3))
rownames(H_SSK)=2009:2013
```

「H2O_SSK」はベクトル,「H_SSK」はデータフレームです。高島屋のときと同じく,データフレームでは,平均総資産の小数点以下を四捨五入しました。では,データフレームを見てみましょう。

```
H_SSK
```

すると，以下のようになります．

	U	SSH	SSK
2009	509525	330411	1.542
2010	470395	333872	1.409
2011	465033	344443	1.350
2012	505588	339708	1.488
2013	525154	347276	1.512

これを見ると，エイチ・ツー・オーは2011年までは総資本回転率が低下していたものの，その後順調に回復し，2009年の水準にまで戻ろうとしていることがわかります．総資産の金額がほぼ横ばいを続ける中，売上高を着実に伸ばしていることが，ここ２年の回復の要因であるといえます．また，回転率の数値自体も，１を大きく上回り，良好であるといえるでしょう．

これで，百貨店３社の総資本回転率が計算できました．最後に，３社の総資本回転率を１つのデータフレームにまとめておきたいと思います．以下の命令を実行してください．

```
Hyakkaten_SSK=data.frame(Mitsukoshi=M_SSK$SSK,
                         Takashimaya=T_SSK$SSK,
                         H2O=H_SSK$SSK)
rownames(Hyakkaten_SSK)=2009:2013
```

「M_SSK$SSK」とあるのは，「M_SSK」データフレームの中の，列名「SSK」のデータということです（1.3.2を参照）．「T_SSK$SSK」，「H_SSK$SSK」についても同様です．では，作成されたデータフレーム「Hyakkaten_SSK」の内容を見てみましょう．

```
Hyakkaten_SSK
```

すると，以下のようになります．

	Mitsukoshi	Takashimaya	H2O
2009	1.043	1.293	1.542
2010	0.998	1.143	1.409
2011	0.986	1.085	1.350
2012	1.006	1.059	1.488
2013	1.009	1.092	1.512

これを見るとわかるとおり，総資本回転率では，エイチ・ツー・オーが最も優れていることがわかります．エイチ・ツー・オーは総資産の金額は３社の中で最も少ないですが，規模に比較して高い売上高を達成しており，それが高い回転率となってあらわれています．エイチ・ツー・オーは，少ない資産を効果的に活用して，売上に結びつけているといえるでしょう．高島

屋と三越伊勢丹では，値に大きな差はありませんが，過去5年間ではいずれも高島屋の方が高い数値となっています。三越伊勢丹は3社の中で最も総資産が大きいですが，資産規模に見合った売上が出ず，総資本回転率が1を下回る年もあるなど，3社の中では若干劣っているようです。

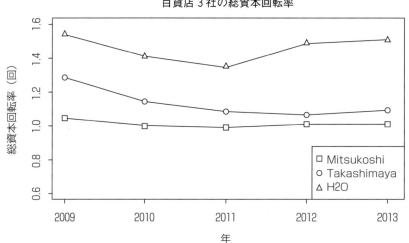

百貨店3社の総資本回転率

2.2 棚卸資産回転率

前節の総資本回転率は，資産全体でみたときに，それがよりよく売上高に結びついているか，有効に活用されているか，ということを見るものでした。本節と次の2.3では，資産の中でも，回転率の観点から注目すべき2つの資産について，回転率の高低とその意味について考えてみたいと思います。

2.2.1 棚卸資産回転率とは

まずは棚卸資産回転率ですが，これは以下の式で算出されます。

$$棚卸資産回転率 = \frac{売上高}{棚卸資産}$$

つまり，売上高を棚卸資産で割ったものです[32]。ここで，「棚卸資産」という用語が出てきますが，これはひとことで言えば「在庫」のことです[33]。では，「在庫」とは何でしょうか。店や倉庫に保存されている商品を思い浮かべる読者の方も多いのではないかと思います。会計学の用語でいえば，「商品」とか「製品」[34]，「仕掛品」[35]，「原材料」などの総称です。この棚卸資産（在庫）には，会計上，たいへん重要な特徴があります。それは，**「まだ売れていない品物」，「販売前のもの」**ということです。まだ売れていないからこそ店に残っているのですから，当たり前といえば当たり前ですが，しかしこれは，しっかりと認識しておくべき重要なことです。これには，企業の**営業循環**が密接に関わっています。

2.2.2 営業循環と棚卸資産

　営業循環とは，企業の営みのサイクルのことです。最も単純に表せば，「仕入れ」→「販売」→「代金回収」→「仕入れ」→「販売」→…というサイクルになります[36]。

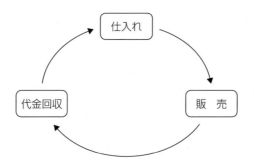

仕入れ，販売，代金回収のサイクルを営業循環という。企業はこれをくり返して活動している。

　商品を仕入れて，それを販売し，代金を回収し，そのお金をまた次の仕入れにあてる。またそれを販売し，代金を回収し…ということを企業はたえずくり返しています。では，この営業循環の中で，棚卸資産はどこに位置するでしょうか。それは，「仕入れ」と「販売」の間です。つまり，「仕入れ後」であり，かつ「販売前」ということです。この販売「前」である点が重要なのです。なぜなら，販売「後」なら，それはもはや棚卸資産ではないからです。

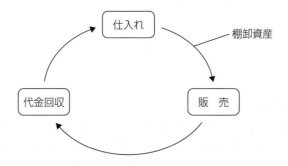

棚卸資産は営業循環の中で，「仕入れ」と「販売」の間に位置している。

　販売後には，棚卸資産は何になるのでしょうか。それは，「売上原価」です。第2章2.4で，売上原価を「販売した商品の仕入額」と説明しましたが，この「販売」が棚卸資産と売上原価を分ける大きな境界になっています。つまり，棚卸資産と売上原価には以下のような共通点と相違点があります。

- 棚卸資産：まだ売れていない商品の仕入額
- 売上原価：売れた商品の仕入額

共通点は，どちらも仕入れに費やした金額を表すという点です。この意味で，棚卸資産と売上原価は，もとは同じものであるといえるでしょう。相違点は棚卸資産が販売前のものであるのに対して，売上原価は販売後のものであるという点です。この違いは，たいへん重要ですので，しっかりと覚えてください。そしてもう1つ，重要な相違点があります。それは，棚卸資産が「資産」であるのに対して，売上原価は「費用」であるということです。棚卸資産は，「まだ売れていない品物がこれだけある」という現在の状態を表しているので，ストック（2.1.4の「フローとストック」を参照してください）です。これに対して，売上原価は，「今年度中に売れた品物の原価はこれだけだった」という期間的な発生高を表すものですので，フローです。端的に言えば，棚卸資産は貸借対照表に記載される「資産」であるのに対して，売上原価は損益計算書に記載される「費用」なのです。

費用とは，事業活動の成果を得るための努力であったことを思い出してください。商品の仕入，販売との関連で，成果とは何でしょうか。それはいうまでもなく「売上高」です。仕入れた商品が売れることこそ，企業の活動の成果です。では，成果である売上高と対比されるべき努力とは何でしょうか。それは「仕入れ」です。仕入れるからこそ商品を売ることができるのです。しかし，売上高と対になる努力として認められるのは，仕入れのすべてではありません。あくまでも，仕入れのうち「**売れた分だけ**」です。なぜなら，売上高とは，「売れた商品の販売高」であるからです。売れた商品にまつわる成果が売上高なのですから，それと対比される努力は「売れた商品の仕入れ高」ということになります。

以上のことから，**売上原価は，「棚卸資産から一歩先へ進んだもの」** と考えることができます。つまり，棚卸資産が販売されれば，それは「売上原価」に変わり，そのとき「売上高」も発生します。販売されなかったものは，売れるまではいつまでも「棚卸資産」として残ることになります。棚卸資産が売上原価という次のステージへ進めるかどうかの分かれ目になっているのが，「販売」つまり「売れること」なのです。

2.2.3　棚卸資産回転率の意味

以上のことをふまえて，あらためて棚卸資産回転率の式を見てみましょう。

$$棚卸資産回転率 = \frac{売上高}{棚卸資産}$$

棚卸資産回転率は，高ければ高いほど回転がよく，良好であると判定されます。では，棚卸資産回転率を高くするためには，どうすればよいのでしょうか。これは式から明らかですが，売上高をたくさん出し，棚卸資産を増やさないようにすればよいのです。実は，この2つの事柄は連動しています。さきほども見たように，商品が売れれば，売上高が発生します。そして同時に，棚卸資産が売上原価に変わりますので，棚卸資産が減ります。したがって，商品が販売されれば，式の分子が増え，分母が減るので，棚卸資産回転率の上昇につながります。

仕入れたものが売れると，売上が発生し，棚卸資産が減るので，回転率が上昇する。

逆に，商品を仕入れたのに売れなかったとしたら，どうなるでしょうか。売れなかったわけですから，売上高は発生しません。しかし，棚卸資産は仕入れた分だけ増えています。このように，仕入れたのに売れないということが続くと，分子が増えないのに分母ばかりが増加するということになり，棚卸資産回転率の低下につながります。したがって，**棚卸資産回転率は，商品が順調に売れたかどうかを表す**といえます[37]。商品が順調に売れるということは，品物が店に留まっている時間が短いということですから，回転がよい，と表現されるのです。

なお，棚卸資産回転率も，上記の式を見ると，フローをストックで割る形になっています。分母と分子との整合性を取るため，2.1.4でやった総資本回転率のときと同様に，ここでも分母の棚卸資産には期首と期末の平均値を用いることにします。

$$棚卸資産回転率 = \frac{売上高}{棚卸資産の期首・期末の平均値}$$

2.2.4 Rによる練習

■**平均棚卸資産の算出**　まず，データを用意しましょう。次の命令を実行してください。

```
Mitsukoshi_TNS=c(68833,66403,57653,57113,56052,55873)
Takashimaya_TNS=c(43729,44889,43218,38566,37863,38234)
H2O_TNS=c(15686,16914,15318,15596,15458,16078)
```

「TNS」は「棚卸資産」のことです。上記の数値は，各社の「商品」，「製品」等，棚卸資産に属する資産の合計金額です。総資本回転率のときと同様に，5年分の平均値を算出するために，6年分の棚卸資産のデータを取っています。

それでは，各社の棚卸資産の平均値を算出してみましょう。まず三越伊勢丹からやってみます。以下の命令を実行してください。

```
Mitsukoshi_TNH=numeric(5)
for(i in 1:5){Mitsukoshi_TNH[i]=(Mitsukoshi_TNS[i]+Mitsukoshi_TNS[i+1])/2}
```

「TNH」は「棚卸資産の平均」という意味です。上記の命令は2.1.4の「平均総資産の算出」でやったものとまったく同じですので，意味についてはそちらを参照してください。簡単に解説すると，「Mitsukoshi_TNH」という長さが5で，要素がすべてゼロのベクトル（棚卸資産の平均値を入れるためのベクトル）をあらかじめ作っておき，その1つ1つの「ゼロ」を各期

の棚卸資産の平均値で置き換える，という作業を行っています．平均値の計算には，forというくり返し計算の命令を用いています．

これで，三越伊勢丹の平均棚卸資産が計算できました．中身を確認しておきましょう．

　Mitsukoshi_TNH

すると，以下のようになります．

　67618.0　62028.0　57383.0　56582.5　55962.5

これが，三越伊勢丹の5年分の平均棚卸資産です．

以下，同様の方法で高島屋の平均棚卸資産を「Takashimaya_TNH」，エイチ・ツー・オーの平均棚卸資産を「H2O_TNH」という名前で作ってください．上記命令の「Mitsukoshi」の部分を「Takashimaya」や「H2O」とするだけです．すると，高島屋の平均棚卸資産は，

　44309.0　44053.5　40892.0　38214.5　38048.5

となり，エイチ・ツー・オーの平均棚卸資産は，

　16300　16116　15457　15527　15768

となります．

■棚卸資産回転率の計算　　それでは，棚卸資産回転率を計算しましょう．前節でも示したように，棚卸資産回転率は売上高を平均棚卸資産で割ることにより算出されます．以下では，売上高，平均棚卸資産と棚卸資産回転率を一覧できるように，データフレーム形式で各社の棚卸資産回転率を算出してみましょう．まず三越伊勢丹からです．以下の命令を実行してください．

　M_TNK=data.frame(U=Mitsukoshi_U,TNH=round(Mitsukoshi_TNH),
　　　　　　TNK=round(Mitsukoshi_U/Mitsukoshi_TNH,3))
　rownames(M_TNK)=2009:2013

「M_TNK」とは，「三越伊勢丹の棚卸資産回転率」という意味です．これはデータフレームになっており，第1列（列名「U」）は三越伊勢丹の売上高（Mitsukoshi_U），第2列（列名「TNH」）は三越伊勢丹の平均棚卸資産（Mitsukoshi_TNH）をroundで整数部分のみ表示させたもの，第3列（列名「TNK」）は三越伊勢丹の棚卸資産回転率（売上高（Mitsukoshi_U）を平均棚卸資産（Mitsukoshi_TNH）で割っていることを確認してください）をroundによって小数点以下第3位まで表示させたものになっています．では，データフレームを見てみましょう．

　M_TNK

以下のような出力が得られることと思います．

	U	TNH	TNK
2009	1426684	67618	21.099
2010	1291617	62028	20.823
2011	1220772	57383	21.274
2012	1239921	56582	21.914
2013	1236333	55962	22.092

　各年ごとに売上高，平均棚卸資産とそこから導かれる棚卸資産回転率が表示されています。これを見ると，三越伊勢丹の棚卸資産回転率は，2010年に低下した後，ゆるやかに回復していることがわかります。また，その回復の要因は，売上高の増加というよりも，棚卸資産の減少にあることが読み取れます。三越伊勢丹は，売上高が伸びない中でも，在庫を圧縮することにより回転率を上げようとしているようです。

　回転率の数値としては21回転〜22回転前後の値を取っています。棚卸資産は，販売されれば売上原価に変わり，同時に売上高が計上されますので，棚卸資産の金額分だけ売上高が出れば，会社にある在庫が一度すっかりなくなったという感覚でとらえることができます[38]。したがって，三越伊勢丹の場合，1年間の間におおむね21回〜22回程度，棚卸資産が入れ替わったと考えることができます。この数値自体が高いか，低いかということについては，業種ごとの特性もあり，一概にはいえないところもありますので，他社と比較することが必要になります。

　では，次に同じようにして高島屋の棚卸資産回転率をデータフレーム形式で算出してみましょう。

```
T_TNK=data.frame(U=Takashimaya_U,TNH=round(Takashimaya_TNH),
                 TNK=round(Takashimaya_U/Takashimaya_TNH,3))
rownames(T_TNK)=2009:2013
```

　「T_TNK」は，「高島屋の棚卸資産回転率」という意味です。では，データフレームの内容を見てみましょう。

```
T_TNK
```

すると，以下のようになります。

	U	TNH	TNK
2009	976116	44309	22.030
2010	877761	44054	19.925
2011	869475	40892	21.263
2012	858123	38214	22.455
2013	870332	38048	22.874

高島屋の棚卸資産回転率も，2010年の低下以後，徐々に回復しており，三越伊勢丹と同様の傾向が見られます。ただし，回復のペースは高島屋の方が早く，ここ2年は高島屋の回転率の方が三越伊勢丹よりも高くなっています。高島屋も売上高がそれほど伸びているわけではありませんが，棚卸資産の圧縮が回転率の向上に寄与しているようです。

では次に，エイチ・ツー・オーについて，同様にやってみましょう。

```
H_TNK=data.frame(U=H2O_U,TNH=H2O_TNH,
                 TNK=round(H2O_U/H2O_TNH,3))
rownames(H_TNK)=2009:2013
```

エイチ・ツー・オーの平均棚卸資産（H2O_TNH）はすべて割り切れる数値でしたので（偶然ですが，期首と期末の棚卸資産の合計額がどの年度でも偶数になっています），roundによる処理は行いませんでした。それでは，データフレームの内容を見てみましょう。

```
H_TNK
```

すると，以下のようになります。

	U	TNH	TNK
2009	509525	16300	31.259
2010	470395	16116	29.188
2011	465033	15457	30.086
2012	505588	15527	32.562
2013	525154	15768	33.305

エイチ・ツー・オーの棚卸資産回転率も，2011年以降回復してきているという点で，三越伊勢丹，高島屋と同じ傾向が見られます。ただし，数値は30回転以上の年が多く，他の2社よりも高くなっています。また，エイチ・ツー・オーは平均棚卸資産の金額があまり変わらないか，直近ではやや増加傾向にあるにもかかわらず，売上高がそれを上回るペースで増加しているため，棚卸資産回転率が上昇しています。これは三越伊勢丹や高島屋と異なる特徴であるといえます。

最後に，3社の棚卸資産回転率のみを抜き出し，別のデータフレームにまとめておきましょう。

```
Hyakkaten_TNK=data.frame(Mitsukoshi=M_TNK$TNK,
                         Takashimaya=T_TNK$TNK,
                         H2O=H_TNK$TNK)
rownames(Hyakkaten_TNK)=2009:2013
```

各社のデータフレームから，列名「TNK」の列を抜き出し，「Hyakkaten_TNK」という名前のデータフレームとしました。では，内容を確認しましょう。

Hyakkaten_TNK

すると，以下のようになります。

```
        Mitsukoshi    Takashimaya     H2O
2009    21.099        22.030          31.259
2010    20.823        19.925          29.188
2011    21.274        21.263          30.086
2012    21.914        22.455          32.562
2013    22.092        22.874          33.305
```

こうして見てみると，三越伊勢丹と高島屋がほとんど同程度の回転率であり，エイチ・ツー・オーの回転率が目立って高いことがわかります。売上高の規模に比べて棚卸資産の金額が相対的に低いこと，また，最近の回転率の回復が売上高の増加によるものであることを考慮すると，棚卸資産回転率については，エイチ・ツー・オーが3社の中ではよい状況にあるといえるでしょう。

2.3 売上債権回転率
2.3.1 売上債権回転率とは

棚卸資産回転率と並んで個別の資産にまつわる重要な回転率として，売上債権回転率があります。これは以下の式で算出されます。

$$売上債権回転率 = \frac{売上高}{売上債権}$$

つまり，売上高を売上債権で割ったものです。売上債権回転率は，売上債権の回転のよさを

表すもので，数値が高ければ高いほど回転がよく，良好であるといえます。ここで，「売上債権」とは何かについて，見ておきましょう。

「売上債権」は，「売掛金」と「受取手形」（いずれも資産）の合計額をさす用語です。貸借対照表で，「売掛金」と「受取手形」が別々に掲載されている場合は，両者の合計額を「売上債権」と考えてください。今回取り上げている百貨店3社では，いずれも「受取手形及び売掛金」という名前で一括して掲載されていますので，この場合は，その金額そのものが売上債権となります。

では，「売掛金」，「受取手形」とはどういうものなのでしょうか。これらは，ひとことで言うと，「まだ受け取っていない販売代金」のことです。第2章の注25)でも述べましたが，企業の取引では，「商品を販売し，品物を相手に渡したが，現金での代金の受け取りはまだ」というケースはよくあります。つまり，「代金の受け取りを先延ばしにして，販売だけを行った」ということです。この場合，販売という活動成果は得られたので「売上高」は出ますが，「現金」は増加しません。「売掛金」や「受取手形」はこの「現金」の代わりに，「将来に，販売代金としての現金を受け取れる権利」として計上されるものなのです。では，「売掛金」と「受取手形」はどこが違うのでしょうか。それは以下の点です。

- 売 掛 金：将来受け取れる販売代金（相手との口約束による場合）
- 受取手形：将来受け取れる販売代金（相手が手形を発行した場合）

代金受け取りの先延ばしは，口頭で行われる場合もありますが，相手が，将来確かに代金を払うことを約束する「手形」と呼ばれる証券を発行することもあります。口頭の場合は「売掛金」，相手の発行した手形を受け取った場合は「受取手形」という名前で計上されます。しかし，逆に言えば，両者の違いは口約束か手形かという形式のみであり，どちらも「将来受け取れる販売代金」である点では本質的に同じものです。したがって，両者をまとめて「売上債権」と呼んでいます。

2.3.2　営業循環と売上債権

売上債権も，棚卸資産と同様に，営業循環と密接な関係があります。2.2.2の営業循環の図をもう一度見てください。営業循環の中で，売上債権は，どこに位置するでしょうか。それは，「販売」と「代金回収」の間です。つまり，「販売後」であり，かつ，「代金回収前」ということです。売上債権は商品を販売して初めて出てくるものですから，販売はすでに終わっています。しかし，販売したからといって，安心はできません。売った相手が必ず代金を支払ってくれるとは限らないからです。支払期日が来ても払ってくれない場合があるかもしれないですし，最悪の場合，支払いの前に相手が倒産してしまうこともあるかもしれません。

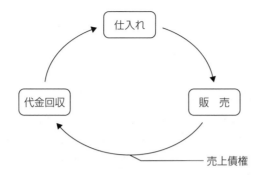

売上債権は営業循環の中で,「販売」と
「代金回収」の間に位置している。

　売った代金を支払ってもらうことは,企業にとって重要です。上の図を見てもわかるとおり,企業の営業循環では,売った相手から代金を支払ってもらい,そのお金を次の商品なり原材料なりの仕入れにあてるというのが基本となっています。これによって初めて,営業循環がひと回りするのです。もし,代金の受け取りができなければどうなるでしょうか。代金が受け取れなかったからといって,仕入れをしないわけにはいきません。だとすれば,受け取る代金以外のところでお金を調達しないと,次の仕入れができないことになります。そのようなことをくり返していると,やがては資金が枯渇して,営業活動が滞ることになるでしょう。したがって,企業は商品を売るだけでなく,代金の回収を着実にすすめる必要があります。営業循環の中で,**商品の販売が第1の関門**だとすれば,**第2の関門は販売代金の回収**であるといえるでしょう。

2.3.3　売上債権回転率の意味

　上記のことをふまえて,あらためて売上債権回転率の式を見てみましょう。これが高ければ高いほど良好ということになりますが,では,売上債権回転率を高くするにはどうすればよいのでしょうか。それは,売上高を多く出し,なおかつ,売上債権を増やさないようにする,ということです。ここで考えてみたいのは現金販売の場合と,代金の受け取りを先延ばしにする販売の違いです。

　まず現金販売について考えてみましょう。この場合,商品を販売すると「売上高」が発生し,同時に代金を受け取るので「現金」が増加します。代金をすぐに受け取っているので,「売掛金」や「受取手形」は生じません。ですから,売上債権回転率の式に即していえば,分子(売上高)が増加し分母(売上債権)は増加しないということになります。したがって,売上債権回転率が上昇することになります。

　他方,代金の受け取りを先延ばしにする販売の場合はどうでしょうか。この場合は,販売自体は行われたので,現金取引のときと同じく,「売上高」が発生します。しかし,代金の受け取りはまだですので,「現金」は増加せず,その代わりに「売掛金」(口約束の場合)または「受取手形」(手形を受け取った場合)が出ます。つまり,「売上債権」が増加するのです。し

たがって，売上債権回転率の式でいえば，分子も増加するが，分母も増加するということになります。このとき，売上債権回転率は上昇しないことになります。

ただし，後に約束どおり代金を回収すれば，変化が生じます。代金の回収がなされると，「売掛金」や「受取手形」はもはや「売掛金」，「受取手形」ではなくなります。なぜなら，当たり前のことですが，「売掛金」，「受取手形」は「まだ受け取っていない代金」を表すものですから，代金を受け取った瞬間に，未受取の代金ではなくなります。代金を受け取ると，「売掛金」や「受取手形」は「現金」に変わります。言い換えれば，「売上債権」が減少し，「現金」が増加するということです。すると，売上債権回転率の式のうち，分母が減少しますので，回転率は上昇することになります。

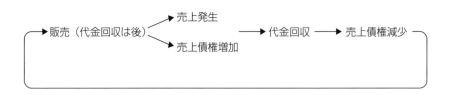

代金を回収すると売上債権が減るため，回転率が上昇する。

したがって，当初は「売掛金」や「受取手形」という形で代金の受け取りを先延ばしにしたとしても，その代金の回収を確実に行えば，売上債権回転率は上昇します。逆に，販売ばかりに力を入れ，代金の回収を怠っていると，売上は出るものの売上債権も増加しますので，売上債権回転率はいっこうに上がってきません。このことから，**売上債権回転率は，企業の代金回収がスムーズにいっているかどうかを表すものであるといえます。**

なお，売上債権回転率も，フローをストックで割る形になっていますので[39]，総資本回転率や棚卸資産回転率のときと同様に，分母の売上債権には期首と期末の平均値を用います。

$$売上債権回転率 = \frac{売上高}{売上債権の期首・期末の平均値}$$

2.3.4 Rによる練習

■**平均売上債権の算出**　まず，データを用意します。次の金額が百貨店3社の売上債権です。

```
Mitsukoshi_US=c(114690,104001,97314,87431,105895,110793)
Takashimaya_US=c(96396,98960,102200,121263,121414,98978)
H2O_US=c(24598,20613,17595,18995,19979,22960)
```

ここから，3社の平均売上債権を算出します。やり方は棚卸資産回転率のときと同様ですので，以下に命令をまとめて記します。

```
Mitsukoshi_USH=numeric(5)
```

```
for(i in 1:5){Mitsukoshi_USH[i]=(Mitsukoshi_US[i]+Mitsukoshi_US[i+1])/2}
Takashimaya_USH=numeric(5)
for(i in 1:5){Takashimaya_USH[i]=(Takashimaya_US[i]+Takashimaya_US[i+1])/2}
H2O_USH=numeric(5)
for(i in 1:5){H2O_USH[i]=(H2O_US[i]+H2O_US[i+1])/2}
```

これで，3社の平均売上債権が，「Mitsukoshi_USH」，「Takashimaya_USH」，「H2O_USH」のベクトルとして計算されました（「USH」は売上債権の平均という意味）。3社の平均売上債権を見ておきましょう。

三越伊勢丹の平均売上債権は，Mitsukoshi_USH を実行すると，

109345.5 100657.5 92372.5 96663.0 108344.0

であることが確認できます。以下，同様にして高島屋の平均売上債権は，

97678.0 100580.0 111731.5 121338.5 110196.0

であり，エイチ・ツー・オーは，

22605.5 19104.0 18295.0 19487.0 21469.5

です。

■**売上債権回転率の計算**　それでは，売上高と平均売上債権から，売上債権回転率を計算しましょう。棚卸資産回転率のときと同様に，データフレーム形式で求めます。やり方は同じですので，以下に命令をまとめて記します。

```
M_USK=data.frame(U=Mitsukoshi_U,USH=round(Mitsukoshi_USH),
                 USK=round(Mitsukoshi_U/Mitsukoshi_USH,3))
rownames(M_USK)=2009:2013
T_USK=data.frame(U=Takashimaya_U,USH=round(Takashimaya_USH),
                 USK=round(Takashimaya_U/Takashimaya_USH,3))
rownames(T_USK)=2009:2013
H_USK=data.frame(U=H2O_U,USH=round(H2O_USH),
                 USK=round(H2O_U/H2O_USH,3))
rownames(H_USK)=2009:2013
```

3社の売上債権回転率を「M_USK」，「T_USK」，「H_USK」という名前のデータフレームで求めています（「USK」は「売上債権回転率」の意味）。データフレームの1列目は売上高，2列目は平均売上債権（の整数部分のみ表示させたもの），3列目は売上債権回転率（を小数点以下第3位まで表示させたもの。売上高を平均売上債権で割っていることを確認してくださ

い）となっています。

　では，作成されたデータフレームを見てみましょう。まずは三越伊勢丹です。

M_USK

すると，以下のような出力が得られます。

	U	USH	USK
2009	1426684	109346	13.047
2010	1291617	100658	12.832
2011	1220772	92372	13.216
2012	1239921	96663	12.827
2013	1236333	108344	11.411

　これを見ると，三越伊勢丹の売上債権回転率は，おおむね横ばいか，やや低下傾向にあることがわかります。ここ2年は，売上の減少と売上債権の増加の両方が作用して，売上債権回転率が低下しています。数値は11回転〜13回転程度となっています。

　販売時にすぐに現金で代金を受け取らない形にすると，売上高が発生すると同時に，売上債権が増加します。そして，後に現金で代金を回収すると，売上債権が減少します（その分，現金が増加します）。したがって，たとえば売上債権回転率が11だとすると，「売上債権が回収されて現金に変わる」というプロセスが11回くり返されたと解釈することができるのです。もし，事業のスタート時から，販売は行うものの，代金回収を一切しなければ，売上高と売上債権の金額は一致し，回転率は「1」となるはずです。ですから，回転率がそれより高いということは，代金回収を通じた売上債権の減少がくり返されることで，売上債権の増加が抑えられたということを示しているのです[40]。

　売上債権回転率についても，棚卸資産回転率と同様に，何回転以上なら高い，といった基準はありません。同業種の他社と比較することで，その優劣を判定することになります。

　では次に，高島屋の売上債権回転率を見てみましょう。

T_USK

すると，以下のようになります。

	U	USH	USK
2009	976116	97678	9.993
2010	877761	100580	8.727
2011	869475	111732	7.782
2012	858123	121338	7.072
2013	870332	110196	7.898

　高島屋の売上債権回転率は，2013年に少し上昇したものの，2012年までは一貫して低下し

ています。2012年までの推移を見ると，売上高が一貫して低下しているにもかかわらず，逆に売上債権は増加しており，代金の回収が売上債権が生じるペースに追いついていなかったことがわかります。また，回転率の数値自体も7回転〜9回転台と，さきほどの三越伊勢丹よりも低くなっています。売上高が三越伊勢丹より低いにもかかわらず，売上債権は三越伊勢丹と同程度かそれ以上の金額を抱えており，代金回収のスピードで劣っているといえます。

それでは，次にエイチ・ツー・オーについて見てみましょう。

H_USK

すると，以下のようになります。

	U	USH	USK
2009	509525	22606	22.540
2010	470395	19104	24.623
2011	465033	18295	25.419
2012	505588	19487	25.945
2013	525154	21470	24.460

エイチ・ツー・オーの売上債権回転率は，2013年に低下したものの，2012年までは上昇を続けていたことがわかります。2011年までは売上高が低下していますが，それを上回るペースで売上債権の金額が減少しており，これが回転率の上昇となって現れています。2012年には，売上高を伸ばしつつ，売上債権の増加を抑えたことで，回転率を上昇させています。また，数値自体も，22回転〜26回転弱と，他の2社よりも高くなっています。売上高の規模に対して売上債権の金額が三越伊勢丹や高島屋よりも明らかに低く，これが高回転率の要因と思われます。

最後に，3社の売上債権回転率を別のデータフレームでまとめておきます。

Hyakkaten_USK=data.frame(Mitsukoshi=M_USK$USK,
                        Takashimaya=T_USK$USK,
                        H2O=H_USK$USK)
rownames(Hyakkaten_USK)=2009:2013

作成された「Hyakkaten_USK」データフレームを確認してみましょう。

Hyakkaten_USK

すると，以下のようになります。

	Mitsukoshi	Takashimaya	H2O
2009	13.047	9.993	22.540
2010	12.832	8.727	24.623
2011	13.216	7.782	25.419
2012	12.827	7.072	25.945
2013	11.411	7.898	24.460

あらためて見てみると，エイチ・ツー・オーの回転率の高さが目立ちます。エイチ・ツー・オーは売上債権をなるべく作らないか，または回収を着実にすすめることにより，回転率を高めているのではないかと思われます。逆に，高島屋は3社の中で最も回転率が低く，エイチ・ツー・オーと比較すると3分の1程度の回転率しかありません。2.3.2でも見たように，代金の回収が遅いと，現金が不足しやすくなり，企業活動に悪影響が出る可能性があります。高島屋にとっては，売上高を伸ばしつつ，売上債権をさらに削減できるかどうかが課題であるといえるでしょう。

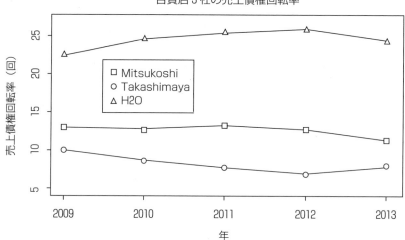

百貨店3社の売上債権回転率

2.4 棚卸資産と売上債権の回転期間
2.4.1 棚卸資産回転期間

棚卸資産回転率の数値は，2.2.4でも見たように，1年間の棚卸資産の回転数を表します。たとえば，回転率が20であれば，「仕入れや製造により社内に蓄積された在庫が，販売によってなくなる」というサイクルが1年間で20回くり返されることを意味します。ということは，ここから，「1回転するのに何日かかるのか」という日数を計算することができます。これが棚卸資産回転期間です。回転率は1年間における回数のことですから，1回転するのにかかる日数は以下の式で計算されます。

$$棚卸資産回転期間 = \frac{365}{棚卸資産回転率}$$

　分子の365は，いうまでもなく１年間の日数です。これを棚卸資産回転率で割ることにより，１回転するのにかかる日数を算出することができます。
　では，この棚卸資産回転期間の数値は，大きい方が良いのでしょうか。それとも，小さい方が良いのでしょうか。これについては，2.2.3の内容を思い出してください。棚卸資産回転率は高ければ高いほど良好であると判定されるのでした。上の式から，棚卸資産回転率は分母の数値ですので，これが高ければ高いほどよいということは，結局，棚卸資産回転期間の数値は小さければ小さいほどよいということになります。つまり，棚卸資産回転率が高いことと，棚卸資産回転期間の数値が小さい（すなわち回転期間が短い）ことは，表裏一体であるということです。2.2.3で見たように，棚卸資産回転率が高いことは，商品が順調に売れていることを表します。したがって，棚卸資産回転期間が短いことも，商品が順調に売れていることを表します。在庫が１回転するのにかかる日数が短いということは，売れずに社内に留まっている期間が短いということですので，短ければ短いほど順調に売れているということになるのです。棚卸資産回転期間が短いということは，2.2.2で見た営業循環の図でいえば，「仕入れ」から「販売」までの期間が短いということです。したがって，**棚卸資産回転率が高く，棚卸資産回転期間が短ければ，それだけ営業循環が早く回るということになり**，企業にとっては，現金を早く手に入れられることにつながります。

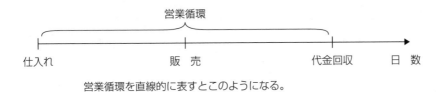

営業循環を直線的に表すとこのようになる。

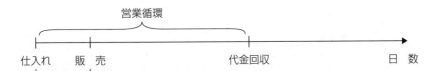

棚卸資産回転期間が短い場合，仕入れから販売までの期間が短いので，
代金回収までの期間が変わらなければ，営業循環が早く回ることになる。

2.4.2　売上債権回転期間
　棚卸資産と同じように，売上債権についても，その回転期間を計算することができます。計算式は以下のとおりです。

$$売上債権回転期間 = \frac{365}{売上債権回転率}$$

売上債権回転率も，1年間の回転数を表しますので，上記の式で1回転するのに要する日数を算出することができます。売上債権回転率は，「販売によって未受取の代金（つまり売上債権）が生じ，それが後ほど回収される」というサイクルが1年間にくり返される回数を表しますので，売上債権回転期間は，「販売によって生じた売上債権が回収されるまでに，1回あたり何日かかるか」を表すといえます。2.3.3でも見たように，売上債権回転率は代金の回収がスムーズにいっているかどうかを表すものであり，高ければ高いほど良好であると判定されるのでした。したがって，上記の式から，売上債権回転期間については，短ければ短いほど良好であるということになります。売上債権回転期間が短いということは，代金回収に要する日数が短いということですので，早く代金が手に入ることを意味するのです。

さきほど，棚卸資産回転期間が短ければ，それだけ営業循環が早く回ることになると述べましたが，棚卸資産回転期間が短いだけでは営業循環のサイクルを早めることはできません。どんなに販売が順調に行われても，代金の回収に手間取っていては，「販売」から「代金回収」までの期間が長くなり，それだけ営業循環のサイクルは遅くなります。棚卸資産だけでなく，売上債権の回転日数も短くすれば，営業循環が短期間で回ることになり，資金を枯渇させることなく営業活動を活発に行えるようになるでしょう。

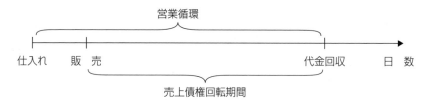

棚卸資産回転期間が短くても，売上債権回転期間が長いと，販売から代金回収までの日数が長くかかることになり，営業循環は遅くなる。

着実な代金回収を行い，売上債権回転期間を短くすれば，営業循環のサイクルを早くすることができる。

2.4.3　Rによる練習

■**棚卸資産回転期間**　それでは，百貨店3社の棚卸資産回転期間を算出してみましょう。棚卸資産回転期間は365を棚卸資産回転率で割ることにより求められます。そこで，まず以下の命令を実行してください。

```
ichinen=rep(365,times=5)
```

rep( )は，( )内の指定に従って，数字がくり返されるベクトルを作る命令です。times=5とあるのは，「5回」という意味です。ですから，rep(365,times=5)とすると，365という数字を5回くり返したベクトルが作られます。そのベクトルに「ichinen」という名前を付けました。確認のため中身を見てみましょう。

```
ichinen
```

すると，

```
365 365 365 365 365
```

と出力されるはずです。たしかに，365という数字が5回くり返され，365ばかり5個入ったベクトルが作成されたことがわかります[41]。これで，1年間の日数を表すベクトルが用意できました。棚卸資産回転率は2.2.4ですでに算出されていますので，それを用いることにすれば，棚卸資産回転期間を計算することができます。では，まず三越伊勢丹の棚卸資産回転期間を算出してみましょう。以下の命令を実行してください。

```
Mitsukoshi_TKK=ichinen/Hyakkaten_TNK$Mitsukoshi
```

「TKK」は「棚卸資産回転期間」のことです。「Hyakkaten_TNK$Mitsukoshi」は，「Hyakkaten_TNK」データフレームの，列名「Mitsukoshi」のベクトルということですので，要するに三越伊勢丹の棚卸資産回転率のことです。したがって，上記の式で棚卸資産回転期間が計算できます。確認のため，計算結果を見てみましょう。

```
Mitsukoshi_TKK
```

すると，以下のような出力が得られます。

```
17.29940 17.52869 17.15709 16.65602 16.52182
```

これが，三越伊勢丹の棚卸資産回転期間です（単位：日）。このように，ベクトル同士で割り算をすると（ここでは「ichinen」と「Hyakkaten_TNK$Mitsukoshi」との割り算），ベクトルの対応する要素同士で（つまり，「ichinen」の第1要素と「Hyakkaten_TNK$Mitsukoshi」の第1要素，「ichinen」の第2要素と「Hyakkaten_TNK$Mitsukoshi」の第2要素…といったように）割り算がなされますので，複数の年度の回転期間を1つの式で求めることができます。

では，他の2社の棚卸資産回転期間も求めてみましょう。次の命令を実行してください。

```
Takashimaya_TKK=ichinen/Hyakkaten_TNK$Takashimaya
H2O_TKK=ichinen/Hyakkaten_TNK$H2O
```

命令の意味は三越伊勢丹のものと同じです。いずれも，ichinenベクトルを各社の棚卸資産回転率のベクトルで割るという計算になっています。高島屋の棚卸資産回転期間には「Takashimaya_TKK」，H2Oのものには「H2O_TKK」という名前を付けています。それでは，3社の回転期間を比較できるように，棚卸資産回転期間のデータフレームを作ることにしましょう。

```
Hyakkaten_TKK=data.frame(Mitsukoshi=Mitsukoshi_TKK,
                        Takashimaya=Takashimaya_TKK,
                        H2O=H2O_TKK)
rownames(Hyakkaten_TKK)=2009:2013
```

これで，各社の棚卸資産回転期間を「Hyakkaten_TKK」という名前のデータフレームにすることができました。それでは，データフレームを見てみましょう。見やすいように，小数点以下第3位まで表示することにします。

```
round(Hyakkaten_TKK,3)
```

すると，以下のような出力が得られるでしょう。

	Mitsukoshi	Takashimaya	H2O
2009	17.299	16.568	11.677
2010	17.529	18.319	12.505
2011	17.157	17.166	12.132
2012	16.656	16.255	11.209
2013	16.522	15.957	10.959

これを見ると，3社とも，ここ4年ほどは継続して改善していること，また，数値としてはとくにエイチ・ツー・オーが良好であることがわかります。三越伊勢丹と高島屋は回転期間がほぼ同程度であり，16日～18日程度となっています。これに対して，エイチ・ツー・オーは11日～12日程度と，他の2社よりも明らかに短くなっています。これは，2.2.4で見たように，エイチ・ツー・オーの棚卸資産回転率が高かったことと表裏一体です。1年間の回転数が高いので，1回転にかかる日数は短くなるのです。11日間で在庫が売れるのと，売れるのに16日かかるのとでは，数日とはいえ，大きな違いであるといえます。在庫が早く売れるということは，それだけ営業循環がよく回り，現金を早く獲得できるので，数日間の違いでも，積み重なれば企業の資金繰りに大きな影響をもたらすでしょう。

■**売上債権回転期間**　それでは，棚卸資産回転期間と同様の方法で，売上債権回転期間を求めてみましょう。売上債権回転期間は365を売上債権回転率で割ることにより求められます。売上債権回転率は2.3.4ですでに求められており，「Hyakkaten_USK」のデータフレームで示されていますので，それを利用することにすると，命令は以下のとおりとなります。

```
Mitsukoshi_UKK=ichinen/Hyakkaten_USK$Mitsukoshi
Takashimaya_UKK=ichinen/Hyakkaten_USK$Takashimaya
H2O_UKK=ichinen/Hyakkaten_USK$H2O
```

「UKK」は売上債権回転期間を表します。ichinenベクトルを各社の売上債権回転率で割り，それぞれに「Mitsukoshi_UKK」，「Takashimaya_UKK」，「H2O_UKK」という名前を付けていることを確認してください。では，各社の売上債権回転期間をデータフレームにしましょう。

```
Hyakkaten_UKK=data.frame(Mitsukoshi=Mitsukoshi_UKK,
                         Takashimaya=Takashimaya_UKK,
                         H2O=H2O_UKK)
rownames(Hyakkaten_UKK)=2009:2013
```

これで，3社の売上債権回転期間を示す「Hyakkaten_UKK」というデータフレームが作成されました。では，データフレームの内容を見てみましょう。さきほどと同じく，小数点以下第3位まで表示することにします。

```
round(Hyakkaten_UKK,3)
```

すると，以下のようになります。

	Mitsukoshi	Takashimaya	H2O
2009	27.976	36.526	16.193
2010	28.445	41.824	14.824
2011	27.618	46.903	14.359
2012	28.456	51.612	14.068
2013	31.987	46.214	14.922

これを見ると，エイチ・ツー・オーの売上債権回転期間が3社の中で際立って短いことがわかります。2.3.4ですでに見たように，エイチ・ツー・オーは売上債権回転率が3社の中でとくに高く，それが回転期間の短さとなって現れています。逆に，高島屋は3社の中で最も回転期間が長くなっています。2.4.2でも説明したように，いくら在庫が早く売れても，販売代金の回収に日数がかかると，それだけ営業循環が遅くなり，現金を得られるタイミングが遅れます。企業は次の仕入れやその他の支払いのために，たえず現金を必要としていますので，現金獲得の遅れは企業の活動に悪影響を及ぼすといえます。その意味で，高島屋は代金回収のスピードに課題を抱えているといえるでしょう。反対に，エイチ・ツー・オーは棚卸資産回転期間だけでなく，売上債権回転期間も短いですので，資金繰りの点で3社中最も良好な状態にあるといえます。2.1.4で見たように，資産全体で見た総資本回転率でもエイチ・ツー・オーは最も高い数値となっていましたので，回転のよさという点では，エイチ・ツー・オーがとくに優

3 資本利益率（ROA, ROE）の分析

収益性の分析として，ここまで売上高利益率と回転率について見てきました。売上高利益率は利益の大きさに関するものであり，回転率は企業の活動サイクルの早さに関するものでした。ここでは，それらを総合したものである資本利益率について学習します。

3.1 資本利益率の意味

資本利益率は，以下の計算式で算出されます。

$$資本利益率 = \frac{利益}{資本}$$

名前のとおり，利益を資本で割ったものです。しかし，これはとても大ざっぱな式ですね。これまで見てきたように，利益には営業利益や経常利益など，いくつも種類がありますし，資本についても，他者から借りたお金である「負債」に対して自分で出したお金を表す「資本」という言い方がありましたし（第 2 章 1.1 を参照），また，「負債」と「資本」の合計を表す「総資本」というものもありました。こうした細かい点については後ほど説明します。ここではとりあえず，「もうけ」のことを「利益」，資金のことを「資本」として，大ざっぱにとらえてください。

資本利益率は資本に対する利益の比率をとったものです。これは，言い方を変えれば，資本 1 円に対する利益の金額を表すものです。資本は調達された資金であり，資金は何らかの資産に投下されるわけですから（この点については第 2 章 1.3 および 1.4 を参照してください），結局，資本利益率は，投下された 1 円のお金が，何円の「もうけ」を生んだのかを表すといえます。

さきほど，資本利益率は売上高利益率と回転率を総合したものであると述べましたが，このことは，資本利益率を変形することによりとらえることができます。以下の式を見てください。

$$\begin{aligned} 資本利益率 &= \frac{利益}{資本} \\ &= \frac{利益 \times 売上高}{資本 \times 売上高} \\ &= \frac{利益 \times 売上高}{売上高 \times 資本} \\ &= \frac{利益}{売上高} \times \frac{売上高}{資本} \end{aligned}$$

資本利益率は利益を資本で割ったものですが、それに売上高を使った変形を加えました。すなわち、分母と分子にそれぞれ売上高を掛け、順番を入れ替えることで2つの数の掛け算の形にしたのです。上記の式の最終行にある、$\dfrac{利益}{売上高}$とは何でしょうか。これはすでに❶で学習済みですね。そう、売上高利益率です。「利益」のところに営業利益を用いれば売上高営業利益率、経常利益を用いれば売上高経常利益率となります。とにかく、売上高利益率とは、売上高に対する利益の比率、言い換えれば売上高1円あたりの利益の金額を表すものです。そして、最終行にある2つ目の数、$\dfrac{売上高}{資本}$とは何でしょうか。これも2.1ですでに学習しています。そう、回転率です。2.1.1でやった総資本回転率は、「資本」のところに総資本を用いたものでした。売上高を資本で割ったものは、**資本回転率**と呼ばれます。総資本回転率はその1つです。したがって、資本利益率は、**売上高利益率×資本回転率**で表すことができます。

　資本利益率は資本1円あたりの利益の金額ですので、この値が高ければ高いほど投下した1円がより多くの利益につながっている、言い換えれば、**資金が効率よく利益を生み出している**ということになりますので、収益力が良好であると判断されます。そして、資本利益率は上記のとおり、売上高を用いて売上高利益率と資本回転率に分解することができます。このように、1つの数を2つの数に分解すれば、より細かく考えることが可能になりますので、分析の手法としてたいへん有益です。また、2つの数の掛け算になっていることも重要なポイントです。掛け算ということは、どちらか一方でも高くなれば、計算結果も高くなるということです。資本利益率でいえば、売上高利益率または資本回転率のどちらかが上昇すれば、結果として資本利益率も上昇することになります（もちろん、両方とも上昇すればさらに大きく資本利益率は上昇します）。ですから、資本利益率は、売上高利益率と資本回転率をあわせた総合力を表しているといえるのです。もうけの大きさ（売上高利益率）か、回転のよさ（資本回転率）を上げれば、企業の資本利益率は高まるといえます。以上のような資本利益率の内容をふまえたうえで、ここからは経営分析でよく用いられる2つの代表的な資本利益率であるROAとROEについて見ていくことにしましょう。

3.2　ROA

3.2.1　ROAとは

ROAは以下の式で計算されます。

$$\text{ROA} = \dfrac{事業利益}{総資本}$$

　式にあるとおり、ROAは事業利益を総資本で割ったもので、総資本事業利益率とも呼ばれます。分母の総資本は、2.1.1でも用いたように、負債と資本の合計額のことであり、企業の資金の総額を表します。これに対して、分子の事業利益は、初めて登場する用語ですね。事業利益は以下の式で算出されます。

$$事業利益 = 営業利益 + 受取利息・配当金$$

「受取利息・配当金」とは，受取利息と受取配当金の合計額のことです。営業利益は第2章2.4でも見たように，本業の成績を表し，受取利息・配当金は第2章2.6でも見たように，他者に資金を提供することから得られる収益，つまり，金融活動の成果を表します。ここで，総資本が資金全体を表すものであることを思い出してください。企業の資金は，メインの活動（営業活動）とそれ以外の活動（金融活動）に使われます。メインの活動から得られるのが営業利益，金融活動から得られるのが受取利息・配当金ですから，この2つを合計した事業利益がどれだけ獲得されたかを見ることにより，総資本がどの程度効率的に利益を生み出したのかを把握することができるのです。

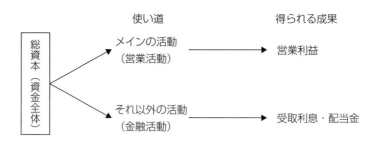

企業の資金は営業活動と金融活動に投下され，営業活動からは営業利益が，金融活動からは受取利息と受取配当金が成果として得られる。

ただし，上記の式はその企業だけの成績を表す個別損益計算書を用いる場合です。子会社や関連会社も含めた連結損益計算書を用いる場合は，事業利益の計算に「持分法による投資利益」が加わります。すなわち，事業利益の計算式は以下のようになります。

$$事業利益 = 営業利益 + 受取利息・配当金 + 持分法による投資利益$$

「持分法による投資利益」とは，関連会社の獲得した利益のうち，親会社の取り分を表すものです。企業グループ全体の利益に対する，関連会社の貢献分と考えればよいでしょう。関連会社もグループの一員として活動していますので，その貢献分を計算に反映させることが適切です。なお，関連会社が損失を出した場合は，「持分法による投資損失」が計上され，その分，事業利益が減ってしまいます[42]。この場合は，損失を出したことで関連会社がグループ全体の足を引っ張っているといえます[43]。本書では連結損益計算書のデータを用いていますので，事業利益の式としては，持分法による投資利益を含んだものを使用することにします。

ところで，2.1.1でやった総資本回転率のときと同じく，総資本と総資産の金額は同じですので，ROAの式は以下のように書き換えることができます。

$$ROA = \frac{事業利益}{総資産}$$

ですから，ROAは**総資産事業利益率**と呼んでもよいでしょう。そもそも，「ROA」とは，「Return on Asset」の頭文字を取ったものです。「Asset」とは英語で「資産」という意味です

ので，資産を活用してどれだけ利益が得られたのか，という観点がROAという言葉には含まれているといえます。利益は資金から直接生まれるわけではなく，**資金が資産へと投下され，その資産が有効に活用されることで生み出される**ものですので，総資産に対する利益の比率としてROAをとらえる方が，直感的に理解しやすいかもしれません。ROAは，**資産全体で見たときに，1円の資産がどれだけの利益を生んだのかを表す**といえます。

3.2.2　ROAの分解

3.1でみたように，資本利益率は売上高利益率と資本回転率に分解することができます。ROAについてこの分解を行うと，以下のようになります。

$$\text{ROA} = \frac{\text{事業利益}}{\text{総資本}}$$

$$= \frac{\text{事業利益}}{\text{売上高}} \times \frac{\text{売上高}}{\text{総資本}}$$

上記の式で，$\frac{\text{事業利益}}{\text{売上高}}$は，**売上高事業利益率**と呼ばれます。これは売上高1円あたりの事業利益の金額であり，「もうけの大きさ」（事業利益ではかったときの）を表す部分です。そして，$\frac{\text{売上高}}{\text{総資本}}$はすでに2.1.1でやったように**総資本回転率**であり，資金全体（これは同時に資産全体でもあります）でみたときの「回転のよさ」を表す部分です。回転が悪くても，より大きくもうけることができればROAは高くなりますし，逆に，もうけが少なくても，回転を良くすれば，やはりROAは高まります。さきほども説明したように，資本利益率は「もうけの大きさ」と「回転のよさ」の総合力ですから，ROAについて分析するときは，たんにROAそのものの高低だけでなく，売上高事業利益率と総資本回転率がどうなっているかを見てみることが重要です。それによって，ROAの改善・悪化の原因や，他社と比較したときの特徴をつかむことができるようになります。

3.2.3　Rによる練習

■ROAの算出

事業利益の算出　それでは，百貨店3社について，実際にROAを算出してみましょう。ROAは事業利益を総資本（または総資産）で割ったものですから，まず事業利益のデータを用意することにします。事業利益は営業利益に受取利息・配当金と持分法による投資利益を加えたものです。このうち，営業利益については1.1.2ですでに「Hyakkaten_Er」として算出済みですので，もう一度呼び出してみましょう。

```
Hyakkaten_Er
```

すると，以下のような出力が得られます。

	Mitsukoshi	Takashimaya	H2O
2009	19583	24810	13418
2010	4178	13428	8024
2011	10993	18174	10556
2012	23834	21100	9959
2013	26639	25476	10671

1.1.2で算出した金額と同じですね．これから，上記の営業利益に受取利息・配当金と持分法による投資利益を加えることで事業利益を算出したいと思います．受取利息・配当金については，以下の命令を実行してください．

```
Mitsukoshi_URH=c(1956,1657,1624,1634,1653)
Takashimaya_URH=c(1210,1174,1188,1212,1226)
H2O_URH=c(896,941,920,910,897)
```

これが，各社の受取利息・配当金です（単位：百万円）．営業利益がデータフレーム形式ですので，受取利息・配当金も同じようにデータフレーム形式にしましょう．

```
Hyakkaten_URH=data.frame(Mitsukoshi=Mitsukoshi_URH,
                Takashimaya=Takashimaya_URH,
                H2O=H2O_URH)
rownames(Hyakkaten_URH)=2009:2013
```

これで，受取利息・配当金のデータが用意できました．内容を確認しておきましょう．

```
Hyakkaten_URH
```

すると，以下のようになります．

	Mitsukoshi	Takashimaya	H2O
2009	1956	1210	896
2010	1657	1174	941
2011	1624	1188	920
2012	1634	1212	910
2013	1653	1226	897

続いて，持分法による投資利益のデータを作成しましょう．受取利息・配当金のときとやり方は同じですので，データフレームまでを一気にやってみます．

```
Mitsukoshi_MBH=c(4368,3389,4503,2315,-5847)
Takashimaya_MBH=c(1679,1353,1816,1943,2228)
```

```
H2O_MBH=c(-60,0,-42,-16,7)
Hyakkaten_MBH=data.frame(Mitsukoshi=Mitsukoshi_MBH,
                        Takashimaya=Takashimaya_MBH,
                        H2O=H2O_MBH)
rownames(Hyakkaten_MBH)=2009:2013
```

これで，3社の持分法による投資利益がデータフレーム形式になりました（「MBH」は「持分法」の意味です）。では内容を確認しておきましょう。

```
Hyakkaten_MBH
```

すると，以下のようになります。

	Mitsukoshi	Takashimaya	H2O
2009	4368	1679	-60
2010	3389	1353	0
2011	4503	1816	-42
2012	2315	1943	-16
2013	-5847	2228	7

これが，3社の持分法による投資利益（マイナスが付いているものは，「持分法による投資損失」）です。それでは，データの用意ができましたので，事業利益を算出しましょう。次の命令を実行してください。

```
Hyakkaten_JGr=Hyakkaten_Er+Hyakkaten_URH+Hyakkaten_MBH
```

「JGr」は「事業利益」のことです。営業利益（Er）と受取利息・配当金（URH）と持分法による投資利益（MBH）の和になっていることを確認してください。では，事業利益の金額を確認してみましょう。

```
Hyakkaten_JGr
```

すると，以下のようになります。

	Mitsukoshi	Takashimaya	H2O
2009	25907	27699	14254
2010	9224	15955	8965
2011	17120	21178	11434
2012	27783	24255	10853
2013	22445	28930	11575

これが，百貨店3社の事業利益です。ROAはこれを総資本で割ったものですので，次に総

資本のデータを用意します。

総資本で割る ROAの計算式を見ると，分子である事業利益はフロー，分母である総資本はストックですので，総資本については平均値を用います（これについては，2.1.4を参照してください）。総資本の平均値については，2.1.4において「Mitsukoshi_SSH」，「Takashimaya_SSH」，「H2O_SSH」としてすでに算出済みですので，これを使いましょう[44]。事業利益と同じく，データフレーム形式にするため，以下の命令を実行してください。

```
Hyakkaten_SSH=data.frame(Mitsukoshi=Mitsukoshi_SSH,
                        Takashimaya=Takashimaya_SSH,
                        H2O=H2O_SSH)
```

これで，3社の総資本の平均値がデータフレーム形式になりました。それでは，すべての準備が整いましたので，ROAを算出しましょう。以下の命令を実行してください。

```
Hyakkaten_ROA=(Hyakkaten_JGr/Hyakkaten_SSH)*100
```

事業利益（JGr）を総資本の平均（SSH）で割っていることを確認してください。その計算結果に対して「Hyakkaten_ROA」という名前を付けました。それでは，算出された百貨店3社のROAを見てみましょう。見やすくするため，小数点以下第3位まで示すことにします。

```
round(Hyakkaten_ROA,3)
```

すると，以下のような出力が得られることと思います。

	Mitsukoshi	Takashimaya	H2O
2009	1.893	3.669	4.314
2010	0.712	2.077	2.685
2011	1.383	2.644	3.320
2012	2.254	2.993	3.195
2013	1.831	3.628	3.333

これが，3社のROAです（単位：％）。ROAは，資金全体（つまり総資本）でみたときに，投下した1円の資金が何円の利益を生み出したのかを表します。または，資金の投下先である資産に注目すれば，すべての資産（つまり総資産）の活用から，どれくらいの割合の利益が獲得されたのか（つまり，資産1円あたりで何円の利益が生まれたのか）を表すともいえます。上記の数値はパーセンテージですので，100円あたりの金額となっています。たとえば，高島屋の2013年で言えば，100円の資金（資産）から約3.6円の利益が獲得されたということになります。

上記の数値を見ると，ROAについては，エイチ・ツー・オーが3社の中では高い数値を示していることがわかります。ただし，2013年は高島屋がエイチ・ツー・オーを上回り，3社

中トップになりました。高島屋は2010年以降，継続してROAが上昇しており，業績が向上していることがわかります。三越伊勢丹のROAは全体に低い数値となっています。

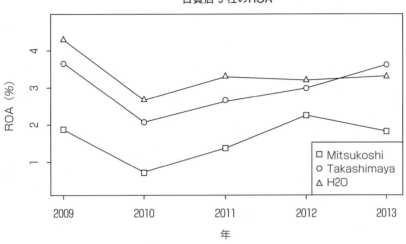

百貨店3社のROA

■**ROAの分解** それでは，次にROAを売上高事業利益率と総資本回転率に分解して，ROAを「もうけの大きさ」と「回転のよさ」の2側面から見てみることにしましょう。まず，三越伊勢丹のROAについて，分解を行ってみます。以下の命令を実行してください。

```
M_ROA=data.frame(ROA=Hyakkaten_ROA$Mitsukoshi,
                JGrPerU=(Hyakkaten_JGr$Mitsukoshi/Mitsukoshi_U)*100,
                SSK=Mitsukoshi_SSK)
rownames(M_ROA)=2009:2013
```

この命令の意味について説明しましょう。データフレーム形式でROAの分解を行っています。データフレームの第1列（列名「ROA」）は，さきほど求めた三越伊勢丹のROAです。第2列は三越伊勢丹の売上高事業利益率です。列名になっている「JGrPerU」は事業利益（JGr）を売上高（U）で割る（Per），すなわち売上高事業利益率を意味しています。その内容は列名のとおりで，三越伊勢丹の事業利益（「Hyakkaten_JGr」データフレームの列名「Mitsukoshi」のデータ）を三越伊勢丹の売上高（1.1.2で作成した「Mitsukoshi_U」）で割り，パーセンテージにするため100を掛けています。第3列は総資本回転率（SSK）で，これは2.1.4で求めた三越伊勢丹の総資本回転率（Mitsukoshi_SSK）です。データフレーム名は「M_ROA」としました。

それでは，作成されたデータフレームを見てみましょう。見やすくするため，小数点以下第3位まで示します。

```
round(M_ROA,3)
```

すると，以下のようになります。

	ROA	JGrPerU	SSK
2009	1.893	1.816	1.043
2010	0.712	0.714	0.998
2011	1.383	1.402	0.986
2012	2.254	2.241	1.006
2013	1.831	1.815	1.009

単位は，ROAと売上高事業利益率（JGrPerU）についてはパーセント（％），総資本回転率（SSK）については「回」です。第2列の数字（売上高事業利益率）と第3列の数字（総資本回転率）を掛けたものが第1列の数字（ROA）になっていることを確認してください。たとえば，2013年では，1.815×1.009＝1.831という関係になっています（他の年度でも同様です。四捨五入の関係で少し数字がずれることがあるかもしれません）。

これを見てみると，三越伊勢丹は総資本回転率がほぼ1回転前後であり，あまり変動がないため，ROAの増減は売上高事業利益率の増減と連動していることがわかります。

では，他の2社についても，同様の方法でROAの分解を行ってみましょう。まず，高島屋については，以下の命令を実行してください。

```
T_ROA=data.frame(ROA=Hyakkaten_ROA$Takashimaya,
                 JGrPerU=(Hyakkaten_JGr$Takashimaya/Takashimaya_U)*100,
                 SSK=Takashimaya_SSK)
rownames(T_ROA)=2009:2013
```

命令の意味は三越伊勢丹とまったく同じです。「Mitsukoshi」となっていたところが「Takashimaya」に入れ替わったと考えてください。データフレーム名は「T_ROA」としました。エイチ・ツー・オーについての命令は以下のとおりです。

```
H_ROA=data.frame(ROA=Hyakkaten_ROA$H2O,
                 JGrPerU=(Hyakkaten_JGr$H2O/H2O_U)*100,
                 SSK=H2O_SSK)
rownames(H_ROA)=2009:2013
```

これで，高島屋とエイチ・ツー・オーのROAの分解が，それぞれ「T_ROA」，「H_ROA」というデータフレームの中で行われました。では，その内容を見てみましょう。

```
round(T_ROA,3)
```

すると，以下のようになります。

	ROA	JGrPerU	SSK
2009	3.669	2.838	1.293
2010	2.077	1.818	1.143
2011	2.644	2.436	1.085
2012	2.993	2.827	1.059
2013	3.628	3.324	1.092

　これが，高島屋のROAの分解結果です。三越伊勢丹と比較すると，高島屋はROAの数値そのものが，まず三越伊勢丹よりも優れていることがわかります。そして，その要因は売上高事業利益率と総資本回転率に分解することで見えてきます。売上高事業利益率，総資本回転率ともに高島屋は三越伊勢丹よりも優れていますが，しいていえば回転率についてはそれほど大きく上回っているわけではなく，同じくらいと見ることもできます。やはり何といっても，高島屋がROAにおいて三越伊勢丹を上回っている要因は売上高事業利益率の高さにあるといえるでしょう。5年間すべてで三越伊勢丹の数値を上回っているだけではなく，1％以上の差が付いている年がほとんどです。高島屋は，もうけの大きさで大きく三越伊勢丹を上回り，さらに，回転のよさでも三越伊勢丹より少し優れているため，この2つの複合によりROAで大きな差がついているといえます。

　では，次にエイチ・ツー・オーについて見てみましょう。

	ROA	JGrPerU	SSK
2009	4.314	2.798	1.542
2010	2.685	1.906	1.409
2011	3.320	2.459	1.350
2012	3.195	2.147	1.488
2013	3.333	2.204	1.512

　エイチ・ツー・オーのROAの分解は，高島屋のものと比較すると面白いことがわかります。エイチ・ツー・オーと高島屋のROAは，2％台後半〜3％台の数値をおおむね取っているという点で似通っていますが，売上高事業利益率と総資本回転率に分解すると，両者は異なる特徴を持っていることがわかります。エイチ・ツー・オーは売上高事業利益率については高島屋とほぼ同程度か，やや下回る数値となっていますが，総資本回転率で高島屋を大きく上回っており，結果としてこの2つの総合であるROAでは，2013年を除き高島屋よりも高い数値を示しています。ここから，高島屋はどちらかといえば「もうけの大きさ」でかせぐ企業，エイチ・ツー・オーは「回転のよさ」でかせぐ企業という特徴を見出すことができます。他方，三越伊勢丹はもうけの大きさ，回転のよさのいずれにおいても他2社を下回っており，それがROAの差となって現れているようです。三越伊勢丹は，売上高事業利益率または総資本回転率のどちらを改善させるのか，またそれをどのようにして行うのかを考える必要があるといえるでしょう。

3.3 ROE
3.3.1 ROEとは
ROEは以下の式で計算されます。

$$\text{ROE} = \frac{\text{当期純利益}}{\text{自己資本}}$$

　3.2.1のROAの式と比べてみてください。分子が当期純利益に変わり，分母が自己資本に変わっています。ROAもROEも，利益を資本で割ったものですので，資本利益率の一種ですが，このようにどの利益，どの資本を計算に用いるかで，その意味するものが変わってきます[45]。ちなみに，ROEとは，「Return on Equity」の頭文字を取ったもので，「Equity」が自己資本を表します。

　上記の式のうち，分子の当期純利益については，第2章2.1などですでに見ましたので，そちらを参照してください。これに対して，分母の自己資本は初登場の用語ですので，これについてまずは理解することにしましょう。

■**自己資本について**　自己資本とは，ひとことで言えば，「会社の持ち主のお金」です。ここで，「会社の持ち主」とは，第2章1.3で例としてあげた洋服のお店のような個人商店の場合はそのお店の経営者，三越伊勢丹などの株式会社の場合は株主と考えてください。

　第2章1.1でも見たように，会社の資金は，自分（会社の持ち主）で用意するか他人から借りるかのどちらかです。このうち，自分で用意したお金（難しい言い方をすると，自分に帰属するお金）のことを「資本」というのでしたね。この「資本」なのですが，実は，資本にはより広い意味の資本と，狭い意味の資本があります。このうち，広い意味の方を「自己資本」，狭い意味の方を「株主資本」と呼びます（これ以降の説明は株式会社を前提にしますので，会社の持ち主としては株主を想定してください）。つまり，こういうことです。

$$\text{自己資本} = \text{株主資本} + \alpha$$

　より狭い意味である株主資本に何かを加えると，より広い意味である自己資本になります。では，自己資本と株主資本の差であるプラスアルファの部分は何なのでしょうか。これを考える前に，まず株主資本とは何かを理解しておきましょう。株主資本は，以下のように表すことができます。

$$\text{株主資本} = \text{株主の出したお金} + \text{過去の当期純利益の蓄積}$$

　上記のように，株主資本とは株主（つまり株式会社における会社の持ち主）の出したお金に，過去に獲得した当期純利益が加わったものです。会社が当期純利益をあげればあげるほど，株主資本が増えていきます。第2章2.2で，当期純利益の分だけ資本が増えると言いましたが，この資本とは，株主資本のことだったのです。

　では，元の問いに返って，自己資本と株主資本の違いは何でしょうか。自己資本と株主資本

との間には，以下の関係があります。

$$自己資本 ＝ 株主資本＋現時点での未実現の利益$$
$$＝ 株主の出したお金＋過去の当期純利益（実現した利益）の蓄積$$
$$＋現時点での未実現の利益$$

　つまり，自己資本と株主資本の違いは，**「未実現の利益」を含んでいるかどうか**です。実現した利益のみ扱うのか（株主資本），実現していないものも扱うのか（自己資本）の違いであるといえるでしょう。ここで，「実現」という用語も初めて登場しますね。これについて解説しましょう。

　「実現」とは，簡単に言うと，「現実のものになる」ということです。当期純利益は企業の活動の最終的な成果を表しますが（第2章2.1を参照），当期純利益に含まれるのは，現実のものになった成果だけです。たとえば，売上高は商品が「現実に」売れたときにのみ計上され，売れなければ計上されません。受取利息も，利息を「現実に」受け取れる状態になったときにのみ計上されます。そうした現実のものになった収益に対して，それと対応する費用が引かれた最終的なものが当期純利益なのです。ですから，**当期純利益は，現実のものになった活動成果を表す**のです。

　これに対して，**「未実現」**とは何を意味するのでしょうか。漢字の意味からもわかるとおり，「まだ実現していない」，「現実のものになっていない」ということなのですが，ここでの意味をもう少し詳しく言えば，「現実のものにしようと思えばできるが，まだ現実のものになっていない」ということです。例をあげると，一部の株式[46]でこれが当てはまるものがあります。たとえば，株式を1株1,000円で購入し，それが決算日の時点で1,500円に値上がりしていたとしましょう（株式はまだ売らずに持っています）。この値上がり分500円が未実現の利益です。なぜなら，株式を現実に売って，500円の得をしたわけではないからです。あくまでも「今売れば500円得をする」ということであり，「売って500円得をした」ということとは異なります。しかし，現実になっていないからといって，無視してよいわけではありません。株式が値上がりしているということは，それだけよい状態にあるわけで，株式を売りさえすれば，それは利益となって会社の持ち主である株主のものになります。つまり，**未実現の利益は，潜在的に株主のものになるお金**，と考えられるのであり，そこまで考えを広げたものが自己資本なのです。

　少しややこしいと感じられたかもしれませんが，ともかく，ROEの分母として用いられる自己資本は，**広い意味での「株主のお金」**と考えてください。なお，上記の式でいう「現時点での未実現の利益」のことを，貸借対照表では「その他の包括利益累計額」といいます。包括利益って何？　などの疑問がまた出てきそうですが，今はそれは考えず，とりあえずこういう名前なのだということで覚えていてください[47]。

$$自己資本 ＝ 株主資本＋その他の包括利益累計額$$

■**ROEの意味**　それでは，自己資本とは何かについて確認できたところで，あらためてROE

の式を見てみましょう。ROEは，当期純利益を自己資本で割ったものです。自己資本は広い意味での株主のお金ですから，ROEは結局，**株主の1円が，どれだけの利益を生み出したのか**を表すといえます。このROEの意味は，ROAとの違いを考えることで，よりはっきりします。

3.2.1でみたように，ROAは事業利益を総資本で割ったものでした。分母の総資本は，事業に使うことのできるすべてのお金を表しますので，分子も，事業全体（つまり，メインの活動とそれ以外の活動）から得られた利益である事業利益を用いていました。つまり，「全体のお金」と「全体の利益」が対比されているのであり，このことから，ROAは，**企業全体にとっての投資効率**を表すといえるでしょう。

これに対して，ROEの分母は自己資本ですから，企業全体のお金ではなく，株主のお金です。そして，これに対応するように，分子の利益も，全体の利益である事業利益ではなく，株主にとっての利益である当期純利益[48]が用いられています。つまり，「株主のお金」と「株主の利益」が対比されているのであり，このことから，ROEは**株主にとっての投資効率**を表すといえます。

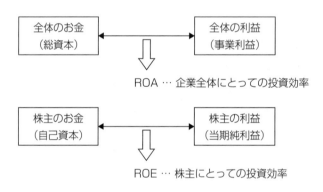

どの資本（資金）にどの利益を対応させるかで，算出される利益率の意味は異なってくる。

ROEが高いということは，株主にとっての投資効率が高いということであり，言い換えると，株主の出す1円のお金が，より多くの（株主にとっての）利益に結びつくということです。したがって，高いROEを達成する企業は，株主にとって，投資先（資金を出してあげる相手）として魅力の高い企業であるということになります。

3.3.2　ROEの分解

ROAのときと同じく，ROEも分解することができます。ただし，ROEは，2つの数ではなく，3つの数に分解することで，ROAにはなかった興味深い分析を行うことができます。ROEの式の分母と分子にそれぞれ売上高と総資本を掛けて，順序を入れ替えると次のようになります。

$$\text{ROE} = \frac{\text{当期純利益}}{\text{自己資本}}$$

$$= \frac{\text{当期純利益} \times \text{売上高} \times \text{総資本}}{\text{自己資本} \times \text{売上高} \times \text{総資本}}$$

$$= \frac{\text{当期純利益} \times \text{売上高} \times \text{総資本}}{\text{売上高} \times \text{総資本} \times \text{自己資本}}$$

$$= \frac{\text{当期純利益}}{\text{売上高}} \times \frac{\text{売上高}}{\text{総資本}} \times \frac{\text{総資本}}{\text{自己資本}}$$

　上記の式で，$\frac{\text{純利益}}{\text{売上高}}$は，**売上高純利益率**です（1.3でもやりましたので，参照してください）。これは「もうけの大きさ」を表すものです。ROAの分解で出てきた売上高事業利益率も同じくもうけの大きさを表すものでしたが，これは事業利益ではかったものであり，企業全体にとってのもうけの大きさを意味します。これに対して，売上高純利益率は，当期純利益ではかったものであり，**株主にとってのもうけの大きさ**を表すものです。次の$\frac{\text{売上高}}{\text{総資本}}$は，**総資本回転率**であり，企業が使用する資産の「回転のよさ」を表します（2.1でもやりました）。

　これで，資本利益率を決定づける2つの要素，売上高利益率と回転率が出てきました。そして，ROEでは，さらにもう1つ，その高低を左右する要素が存在します。それが上記の式の3つめに出てくる$\frac{\text{総資本}}{\text{自己資本}}$であり，これは，**財務レバレッジ**と呼ばれます。以下では，この財務レバレッジとは何かについて考えてみましょう。

　「レバレッジ」(leverage) とは，「てこの作用」という意味です。理科の授業で「てこの原理」を習ったと思いますが，あの「てこ」(梃子) です。てこの便利なところは，支点・力点・作用点を適切に設定すれば小さな力でも大きなものを動かせることです。実は会計でも，この「てこ」のように，小さい力（つまり少ないお金）でも大きなものを動かせる（つまり大規模の商売ができる）ということがあるのです。

　ここでいう「少ないお金」とは，「少ない自己資本」ということです。つまり自分のお金は少ししかなくても，大規模な事業活動を行うことが可能な場合があるのです。では，どうすればそんなことができるのでしょうか。答えは，「負債の力を借りる」ということです。たとえば，自己資本が1,000万円しかなくても，銀行からの借入で9,000万円を得ることができれば，資金は合計で1億円となります。財務レバレッジの式である$\frac{\text{総資本}}{\text{自己資本}}$にこの例を当てはめれば，自己資本が1,000万円，総資本が1億円ですから，財務レバレッジは10（倍）となります。つまり，銀行借入という負債の力を借りることにより，「身の丈」（つまり自己資本）の10倍の事業を展開することが可能になっているのです。

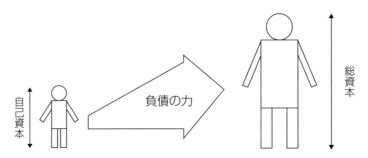

財務レバレッジの作用は，たとえて言えば，自分の体が巨大化するようなもの。
体が大きければ，より大規模の仕事ができる。

　このように，財務レバレッジとは，総資本が自己資本の何倍になっているかという数値であり，株主のお金の何倍の資金が事業に投入されているかという倍率を表します。この倍率の鍵を握っているのは，負債の大きさです。負債が大きければ大きいほど総資本が大きくなるので，財務レバレッジは高くなります。

　さて，ここでもう一度，ROEの式を見てみましょう。ROEは結局，以下のように表現することができます。

$$ROE＝売上高純利益率 \times 総資本回転率 \times 財務レバレッジ$$

　株主にとっての投資効率（ROE）は，もうけの大きさ（売上高純利益率）と，回転のよさ（総資本回転率）と，自分（株主）のお金の何倍の商売ができるかという倍率（財務レバレッジ）から構成されていることがわかります。このうち，**企業の経営成績と直接関係するのは売上高純利益率と総資本回転率**です。この2つが高ければ，企業が利益を生み出す力は高いといえるでしょう。**財務レバレッジは，企業の成績を増幅させてROEに結びつける「てこ」**です。多額の負債を利用して大規模の事業を展開すれば，自己資本に対して，相対的に大規模の当期純利益が獲得されることになり，ROEが高まります。ただし，事業の規模が大きいということは，大きな当期純利益を獲得できる機会があるのと同時に，**事業がうまくいかなかった場合の当期純損失の規模も大きくなる可能性を秘めている**ということでもあります。この場合は，規模の大きさが災いし，ROEに悪影響を及ぼすことになります。「てこ」には正の作用も負の**作用もある**ということを知っておく必要があります。

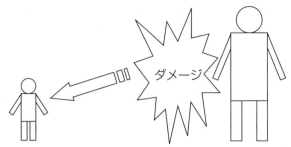

大規模の事業からは大きなダメージ（損失）が生じることがある。そして，そのダメージは生身の自分（自己資本）がそのまま受けることになる（ROEへの負の影響）。レバレッジが大きいと，その反動も大きい。

3.3.3 Rによる練習

■ROEの算出

自己資本の算出　それでは，Rを用いて百貨店3社のROEを算出してみましょう。3.3.1でみたように，ROEは当期純利益を自己資本で割ったものですので，まずは自己資本を算出することにします。

自己資本は「株主資本」と「その他の包括利益累計額」の合計ですので，それぞれのデータを用意します。まず百貨店3社の株主資本について，以下の命令を実行してください。

```
Mitsukoshi_KNS=c(490521,487484,424399,422556,478754,500124)
Takashimaya_KNS=c(262151,270312,275336,285854,293941,307014)
H2O_KNS=c(147164,150296,150720,151236,161194,164957)
```

「KNS」は「株主資本」の意味です。6年分のデータを取っているのは，後ほど自己資本の平均値を出すためです。ROAのときと同様，ROEも分子（当期純利益）がフロー，分母（自己資本）がストックという形ですので，分母の自己資本には平均値を用います。

次に，その他の包括利益累計額は以下のとおりです。

```
Mitsukoshi_SHR=c(3832,-12115,-10538,-16055,-22170,-9122)
Takashimaya_SHR=c(25718,8086,12060,10383,8211,22413)
H2O_SHR=c(16732,3541,8609,-91,6136,19787)
```

この両者の合計が自己資本となります。以下では，データフレーム形式でこの計算を行ってみましょう。次の命令を実行してください。

```
Hyakkaten_JS=data.frame(Mitsukoshi=Mitsukoshi_KNS+Mitsukoshi_SHR,
                Takashimaya=Takashimaya_KNS+Takashimaya_SHR,
                H2O=H2O_KNS+H2O_SHR)
rownames(Hyakkaten_JS)=2008:2013
```

「JS」は「自己資本」の意味です。三越伊勢丹，高島屋，エイチ・ツー・オーそれぞれにつ

いて，株主資本（KNS）とその他の包括利益累計額（SHR）を合計していることを確認してください。

では，できあがったデータフレームを見てみましょう。

Hyakkaten_JS

すると，以下のようになります。

```
      Mitsukoshi  Takashimaya  H2O
2008  494353      287869       163896
2009  475369      278398       153837
2010  413861      287396       159329
2011  406501      296237       151145
2012  456584      302152       167330
2013  491002      329427       184744
```

これで，百貨店3社の6年分の自己資本が算出されました。

自己資本の平均値の算出　ROEの計算には自己資本の平均値を用いますので，ここでは，各社における各年度の自己資本の平均値を算出します。たとえば，三越伊勢丹の2009年3月期であれば，期首の値（すなわち，前期末の値）である494353と期末の値である475369の平均値（つまり，両者を足して2で割ったもの）が，用いられるべき自己資本の値となります。このような平均値の算出を3社それぞれについて，すべての年度にわたって行います。

資本の平均値については，2.1.4において，for( ){ }という命令を用いて計算する方法をすでに実践しました。このときは，1社ずつ別個に計算を行いましたが，ここでは，その応用として，3社いっぺんに平均値を計算してみたいと思います。

それでは，まず以下の命令を実行してください。

```
Hyakkaten_JSH=data.frame(Mitsukoshi=numeric(5),
                        Takashimaya=numeric(5),
                        H2O=numeric(5))
rownames(Hyakkaten_JSH)=2009:2013
```

2.1.4でもやったように，上記の命令で行ったのは，自己資本の平均値を入れるための「箱」作りです。以前はベクトルとしてこの「箱」を作りましたが，今回は3社いっぺんに計算するため，データフレームにしました。「JSH」は「自己資本の平均」という意味です。numeric( )は，( )内に指定した個数だけ「0」の入ったベクトルを作る命令です。では，どんなデータフレームができたか見てみましょう。

Hyakkaten_JSH

すると，以下のような出力が得られます．

	Mitsukoshi	Takashimaya	H2O
2009	0	0	0
2010	0	0	0
2011	0	0	0
2012	0	0	0
2013	0	0	0

このように，ゼロばかり並んだデータフレームができました．これが，自己資本の平均値を入れるための「箱」です．

それでは，これから，この1つ1つのゼロを，各社各年度の自己資本の平均値で置き換えていきます．次の命令を実行してください．

```
for(j in 1:3){for(i in 1:5){Hyakkaten_JSH[i,j]=
              (Hyakkaten_JS[i,j]+Hyakkaten_JS[i+1,j])/2 }}
```

この命令の意味を説明します．ややこしいと思いますが，2.1.4でやった処理が理解できたなら大丈夫です．まず，for(){}の命令が二重になっていることに注目してください．つまり，for(j in 1:3){}という命令の{}の中に，さらにfor(i in 1:5){}という命令が入っているのです．for(){}とは，「()内の変数とその範囲に関して，{}内の作業をくり返す」という命令でした．これを上記の命令について考えると，どういうことになるのでしょうか．

まず，for(j in 1:3){}という命令について見てみましょう．これは，{}内の「j」のところに，順に1,2,3と入れていき，指定された作業をくり返す，ということです．たとえば，jのところに「1」を入れると，{}内は次のようになります．

```
for(i in 1:5){Hyakkaten_JSH[i,1]=(Hyakkaten_JS[i,1]+Hyakkaten_JS[i+1,1])/2}
```

大きな{}の中にさらにfor(i in 1:5){}という命令が入っていますので，上記のようになります．「j」のところに「1」が代入されていることがわかりますか．この命令の意味がわかれば，あとはjのところを2や3にしていくだけですので，jのところが1になっているこの命令がどういうものか，考えてみることにしましょう．

for(i in 1:5){}というのは，{}内の「i」のところに1を入れた処理をまず行い，以下，i＝2のとき，i＝3のとき，i＝4のとき，i＝5のとき，と順番に作業をくり返すという命令です．では，i＝1のときはどのような処理がなされるのでしょうか．{}内のiのところに1を入れると{}内は次のようになります．

```
Hyakkaten_JSH[1,1]=(Hyakkaten_JS[1,1]+Hyakkaten_JS[2,1])/2
```

Hyakkaten_JSH[1,1]とは，「『Hyakkaten_JSH』データフレームの第1行第1列のデータ」

という意味です。[ ]の部分は「添え字」と呼ばれるもので（第2章の注9）を参照），ベクトルやデータフレーム内の特定の要素を指定するはたらきがあります。さきほど作った「Hyakkaten_JSH」データフレームでいえば，「2009」（第1行）の「Mitsukoshi」（第1列）のところがこれにあたります。この部分は今は「0」となっていますが，ここを上記の「=」以下で示される数値に置き換えるということです。

その「=」以下の部分ですが，「Hyakkaten_JS[1,1]とHyakkaten_JS[2,1]を足して2で割る」ということになっています。Hyakkaten_JS[1,1]とは，「『Hyakkaten_JS』データフレームの第1行第1列のデータ」ということですから，さきほど作ったデータフレームから，494353であることがわかります。同様に，Hyakkaten_JS[2,1]とは，「『Hyakkaten_JS』データフレームの第2行第1列のデータ」ということですから，これは475369ということになります。この2つを足して2で割るのですから，**要するにこれは，三越伊勢丹の2009年の平均自己資本**であるということになります。この値が「Hyakkaten_JSH」データフレームの第1行第1列のところに代入されて，i＝1のときの処理が終わります。以下，同様にi＝2のとき，i＝3のとき，…とやっていくと，三越伊勢丹の2010年の平均自己資本，2011年の平均自己資本，…と順番に計算されていき，それが順次，「Hyakkaten_JSH」データフレームの第2行第1列，第3行第1列，…のところに代入されていきます。これをi＝5になるまで行えば，**三越伊勢丹**についての一連の処理は終了です。

いま，「三越伊勢丹についての」と述べましたが，これは，命令中の記号でいえば，「j＝1のときの」ということと同じです。j＝1として処理を行うということは，データフレーム内の添え字のうち，カンマ（,）より後ろの部分（すなわち列の番号）を「1」に固定して処理をするということです。第1列のデータは「Mitsukoshi」のデータなので，j＝1として行う処理は，三越伊勢丹のデータに関する処理になる，というわけです。

さて，ここまででj＝1のときの処理が終わりました。以下，for(j in 1:3){ }という命令に従い，j＝2のとき，j＝3のときについて，順に処理をくり返すことになります。つまり，さきほど見たi＝1からi＝5までのくり返し処理を，今度はj＝2として行い，それが終わったら，最後にj＝3のときについて，またi＝1からi＝5までのくり返し処理を行うということです。j＝2とすると，データフレーム内の第2列のデータが参照されますので，高島屋の平均自己資本を計算する処理がなされます。同様に，j＝3とするとエイチ・ツー・オーの平均自己資本が順次計算されます。for( ){ }という命令が二重に使われているとどのようになるか，おわかりいただけたでしょうか。

上記の命令により処理がなされると，ゼロばかりだった「Hyakkaten_JSH」データフレームの数値が，各社の各年度の平均自己資本によって置き換わっているはずです。それを確かめてみましょう。

`Hyakkaten_JSH`

すると，以下のようになります。

	Mitsukoshi	Takashimaya	H2O
2009	484861.0	283133.5	158866.5
2010	444615.0	282897.0	156583.0
2011	410181.0	291816.5	155237.0
2012	431542.5	299194.5	159237.5
2013	473793.0	315789.5	176037.0

これが，百貨店3社の5年分の平均自己資本です。

当期純利益を平均自己資本で割る　ここまでで，ROEを計算する用意ができました。ROEは，

$$\mathrm{ROE} = \frac{当期純利益}{自己資本}$$

という計算式で算出されます。このうち，分子の当期純利益は1.3.2において「Hyakkaten_Jr」としてすでに算出されていますので，これを用いることにします。分母の自己資本には，さきほど求めた平均自己資本を用います。

それでは，百貨店3社のROEを算出しましょう。以下の命令を実行してください。

Hyakkaten_ROE=(Hyakkaten_Jr/Hyakkaten_JSH)＊100

当期純利益（Jr）を平均自己資本（JSH）で割っていることを確認してください。100を掛けているのはパーセンテージにするためです。その計算結果に対して「Hyakkaten_ROE」という名前を付けました。では，その内容を見てみましょう。ROAのときと同様，見やすくするために小数点以下第3位まで示すことにします。

round(Hyakkaten_ROE,3)

すると，以下のような出力が得られるでしょう。

	Mitsukoshi	Takashimaya	H2O
2009	0.966	4.151	4.018
2010	-14.287	2.725	1.927
2011	0.644	4.746	2.003
2012	13.647	3.642	0.665
2013	5.338	5.238	3.523

これが，百貨店3社のROEです（単位：％）。すでに見たように，ROEは株主の出した1円が，何円の当期純利益に結びついたかを表すものであり，株主にとっての投資効率の指標となります。ここではパーセンテージ表示なので，株主の出した100円が，何円の純利益を生み出したかを示しています。これを見ると，高島屋のROEが比較的安定しており，3社の中での

数値も高いように思われます。エイチ・ツー・オーは，激しい上下動はありませんが，高島屋に比べると低い数値となっています。三越伊勢丹は，13パーセントを超える高いROEを示している年度もありますが，逆に大きいマイナスのROEを示す年度もあり，不安定な傾向があることがわかります。

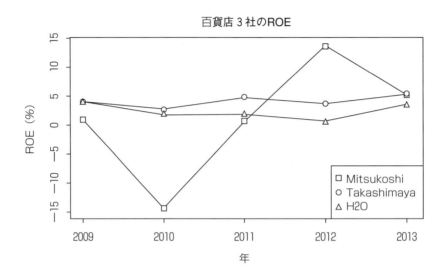

■**ROEの分解**　3.3.2でもみたように，ROEは，

$$\text{ROE} = \frac{\text{当期純利益}}{\text{売上高}} \times \frac{\text{売上高}}{\text{総資本}} \times \frac{\text{総資本}}{\text{自己資本}}$$

$$= \text{売上高純利益率} \times \text{総資本回転率} \times \text{財務レバレッジ}$$

という形で，3つの要素に分解することができます。ROEという1つの数値を3つの要因に分けることで，改善・悪化の原因や，他社と比べて優れているところ・劣っているところを，より詳しく考える手がかりとすることができます。以下では，このROEの3分解を行ってみましょう。

まず三越伊勢丹について分解を行います。3.2.3でやったROAのときと同じく，データフレーム形式で示すことにします。以下の命令を実行してください。

```
M_ROE=data.frame(ROE=Hyakkaten_ROE$Mitsukoshi,
         JrPerU=Hya_JrPerU$Mitsukoshi,
         SSK=Mitsukoshi_SSK,
         lever=Mitsukoshi_SSH/Hyakkaten_JSH$Mitsukoshi)
rownames(M_ROE)=2009:2013
```

命令の説明をしましょう。データフレームの第1列はROEです。これについては，さきほど作成した「Hyakkaten_ROE」データフレームがありますので，その中の「Mitsukoshi」の列の値を用いることにします。第2列は売上高純利益率（列名「JrPerU」）です。これも，1.

3.2において「Hya_JrPerU」データフレームとして百貨店3社のものをすでに作成してありますので、この中の「Mitsukoshi」の列の値を用いることにします。第3列は総資本回転率（列名「SSK」）です。これは、3.2.3でやったROAの分解のときと同様、2.1.4で作成した「Mitsukoshi_SSK」の値を用います。最後の第4列は財務レバレッジ（列名「lever」）です。これは、上記の式にもあるように、総資本を自己資本で割ったものです。ROEの計算における資本の金額としては平均値を用いていますので、財務レバレッジの計算においても、総資本・自己資本ともに平均値を使います。総資本の平均値は2.1.4で「Mitsukoshi_SSH」としてすでに算出していますので、これを用います。また、自己資本の平均値は、さきほど「Hyakkaten_JSH」として百貨店3社のものを求めましたので、その中の「Mitsukoshi」の列の値を使っています。では、上記の命令により作成されたデータフレームを見てみましょう。見やすくするため、小数点以下第3位まで示すことにします。

```
round(M_ROE,3)
```

すると、以下のような出力が得られるでしょう。

	ROE	JrPerU	SSK	lever
2009	0.966	0.328	1.043	2.822
2010	-14.287	-4.918	0.998	2.912
2011	0.644	0.216	0.986	3.018
2012	13.647	4.750	1.006	2.857
2013	5.338	2.046	1.009	2.587

これが、三越伊勢丹のROEの3分解を表すデータフレームです。単位はROEと売上高純利益率（JrPerU）が「パーセント」（％）、総資本回転率（SSK）が「回」、財務レバレッジ（lever）が「倍」です。ROEの分解の式より、各年度について、第1列（ROE）の値は、第2列（JrPerU）、第3列（SSK）、第4列（lever）の値を掛けたものになっています。たとえば、2013年でいえば、$5.338 = 2.046 \times 1.009 \times 2.587$ という関係性があります[49]。

このデータフレームを見ることで、前節で「Hyakkaten_ROE」として算出したROEについて、その増減の要因を分析することができます。結論から言えば、三越伊勢丹のROEは、ほぼ売上高純利益率と連動する形で推移しているといえるでしょう。総資本回転率と財務レバレッジにはあまり変化がないので、売上高純利益率の増減が、ほぼそのままROEの増減として現れると考えることができます。ROEが大きくマイナスとなった2010年は、売上高純利益率がマイナス4.9％と、前年より大きく減少しており、逆に、ROEが大きく増加した2012年は売上高純利益率が大幅に改善していることがわかります。このように、三越伊勢丹のROEには、売上高純利益率が大きく影響しています。ROEを安定させるためには、売上高純利益率を安定させることが必要であるといえるでしょう。

他方、総資本回転率と財務レバレッジに注目するとどうでしょうか。2.1.4でも見たように、三越伊勢丹の総資本回転率は、3社中で最も低い値となっています。とくに2010年と

2011年は1回転を下回っており，これは1円の資産が1円より少ない売上高にしか結びついていないことを示しています。三越伊勢丹の場合，ここにも改善の余地がありそうです。資産の利用効率を高め，総資本回転率を上昇させることができれば，同じ売上高純利益率からでも，さらに高いROEを達成することができるようになります。

財務レバレッジはどうでしょうか。三越伊勢丹の財務レバレッジは，およそ2.8倍〜3倍程度の年度が多いようです。後ほど高島屋とエイチ・ツー・オーについても見ますが，先取りすると，百貨店3社の財務レバレッジは，3社間で大きな違いはないものの，おおむね三越伊勢丹の値が最も高くなっています。財務レバレッジがたとえば3倍ということは，3.3.2でもみたように，自分のお金（株主に帰属する資金，つまり自己資本）の3倍規模の事業を行っているということです。大きな事業を展開すれば大きな金額の利益が期待できますが，逆に，事業がうまくいかなかったときの損失額も大きくなります。この倍率が，ROEに影響します。

たとえば，三越伊勢丹の2010年の値を見てください。売上高純利益率がマイナス4.9％であるのに対し，ROEはマイナス14％を超えています。これは，売上高純利益率のマイナスが，レバレッジの作用で2.9倍（財務レバレッジの値（2.912）を見てください）に増幅されているのです。財務レバレッジの場合，売上高純利益率・総資本回転率が高ければ，その良い影響がさらに増幅されてROEを高めることになりますが（たとえば三越伊勢丹の2012年のように），売上高純利益率にマイナスが出た場合，この倍率の高さが逆に作用し，ROEを大きく低下させることにもつながるのです。三越伊勢丹は3社の中で最も財務レバレッジが大きいので，このような増幅作用がより強く表れ，これがROEの不安定化につながることがあります。負債を利用すれば事業規模を大きくすることができますが，財務レバレッジのこのような作用については，注意しておく必要があるでしょう。

では，同様の方法で高島屋とエイチ・ツー・オーについても，ROEの3分解を行ってみましょう。まず高島屋について見てみます。以下の命令を実行してください。

```
T_ROE=data.frame(ROE=Hyakkaten_ROE$Takashimaya,
          JrPerU=Hya_JrPerU$Takashimaya,
          SSK=Takashimaya_SSK,
          lever=Takashimaya_SSH/Hyakkaten_JSH$Takashimaya)
rownames(T_ROE)=2009:2013
```

データの出所は三越伊勢丹のときと同じで，以前の分析ですでに作成してあったものを用いています。データフレームの値を用いる場合は，「Takashimaya」の列のものを用いています。それでは，作成されたデータフレームを確認してみましょう（小数点以下第3位まで示します）。

```
round(T_ROE,3)
```

すると，以下のようになります。

	ROE	JrPerU	SSK	lever
2009	4.151	1.204	1.293	2.666
2010	2.725	0.878	1.143	2.715
2011	4.746	1.593	1.085	2.745
2012	3.642	1.270	1.059	2.709
2013	5.238	1.901	1.092	2.525

　これが，高島屋のROEの3分解です。三越伊勢丹と比べると，全体的にROEの数値が安定しているという特徴を見出すことができます。また，数値の上でも，三越伊勢丹が特別に高い数値を示した2012年を除けば，三越伊勢丹と同等か，それを上回るROEを達成しています。総資本回転率と財務レバレッジの数値は，高島屋と三越伊勢丹でそれほど大きな違いは見られないので，両者のROEの推移には，売上高純利益率が主に作用していることがわかります。高島屋は，3社ともに業績が低迷した2010年においても0.9％近い数値を確保するなど，売上高純利益率の変動が比較的少ないため，このことが安定したROEの推移につながっているといえます。

　それでは，最後にエイチ・ツー・オーについて見てみましょう。次の命令を実行してください。

```
H_ROE=data.frame(ROE=Hyakkaten_ROE$H2O,
                 JrPerU=Hya_JrPerU$H2O,
                 SSK=H2O_SSK,
                 lever=H2O_SSH/Hyakkaten_JSH$H2O)
rownames(H_ROE)=2009:2013
```

　命令の内容は三越伊勢丹，高島屋のときと同様です。それでは，作成されたデータフレームを見てみましょう。

```
round(H_ROE,3)
```

すると，以下のようになります。

	ROE	JrPerU	SSK	lever
2009	4.018	1.253	1.542	2.080
2010	1.927	0.641	1.409	2.132
2011	2.003	0.669	1.350	2.219
2012	0.665	0.209	1.488	2.133
2013	3.523	1.181	1.512	1.973

　これが，エイチ・ツー・オーのROEの3分解です。エイチ・ツー・オーのROEは，三越伊勢丹と比べると変動が少なく，安定度は高いですが，高島屋と比べるとその数値は劣っていま

す。ROEを構成する3要素を見てみると，総資本回転率は優れており，3社中で最も高い数値となっています。つまり，資産の利用効率は高島屋よりも良好なのです。その反面，売上高純利益率では，高島屋を大きく下回る値となっています。1.3.2でもすでに見たように，エイチ・ツー・オーは特別損失の金額が大きく，このため純利益が少なくなり，売上高純利益率も低くなっています。毎年安定して1％以上の売上高純利益率を出すことができれば，総資本回転率のよさが生きて，高島屋と並ぶROEを達成することも可能になってくるでしょう。財務レバレッジは3社中で最も低く，これもROEを低くする要因の1つとなっていますが，売上高純利益率のときとは異なり，財務レバレッジが低いことは必ずしも悪いことではありません。財務レバレッジが低いということは，負債がそれだけ少ないということであり，ROEを大きく伸ばす増幅作用は限られますが，その分，数値の変動は少なくなり，安定度にはむしろプラスに作用します。このまま財務レバレッジに頼ることなく，売上高純利益率を伸ばしていけるかどうかが，エイチ・ツー・オーのROE改善にとって重要であるといえるでしょう。

【注】

1）これは，人口密度を求めるようなものです。たとえば，北海道と青森県とでは，人口は北海道の方が多いです（平成24年10月1日現在。総務省統計局の資料より）。しかし，だからといって北海道の方が人が密集しているわけではありません。北海道の方が青森県よりもはるかに面積が大きいため，単純比較はできないわけです。面積1平方キロメートルあたりの人数を求めると，今度は青森県の方が多くなります。つまり，一定の広さあたりでは青森県の方が人数が多く，人が密集していることになります。「人の密集度」を比較するためには，同じ面積あたりの人数で比較する必要があります。この例の人数にあたるのが営業利益，面積にあたるのが売上高と考えればよいでしょう。

2）1個，1kg，1人，1円，1平方キロメートルなど，色々あります。

3）以下，「三越伊勢丹」と記します。

4）以下，「エイチ・ツー・オー」と記します。

5）2008年4月1日から2009年3月31日まで。

6）単位は百万円です。たとえば1426684なら，1426684000000円，すなわち1兆4,266億8,400万円ということです。

7）子会社・関連会社も含めたグループ全体の金額のことです（第2章の注32）を参照）。

8）ただし，高島屋のみ2月決算ですので，たとえば「2008年度」とは2008年3月1日から2009年2月28日までをさします。また，高島屋は，売上高とは別個に「その他の営業収入」という項目を設けていますが，これも広い意味では売上高の仲間と考えてよいと判断されますので，今回は「その他の営業収入」も含めた金額を高島屋の売上高としています。

9）"row"は英語で「行」という意味です。

10）実際の有価証券報告書と照らし合わせてみられた方は気づかれることと思いますが，売上高から順に費用を引いて求めた営業利益の金額（つまりこのデータフレームの数値）と，損益計算書の「営業利益」のところに記載されている金額とでは微妙に数値が異なっています。これは計算が間違っているのではなく，有価証券報告書の表示が百万円以下を切り捨てているために起こる現象です。たとえば，1,550万円は損益計算書上は「15」と記載されます。同様に，2,870万円は「28」と記載されます。1,550万円と2,870万円を合計すると4,420万円ですので，実際の金額は「44」となるところですが，損益計算書上の「15」と「28」を合計すると「43」にしかなりません。このようなことはよく見られますので，1の位の

11) 今回は各社5年分のデータを用いましたが，これが10年分，20年分になってもやり方は同じです。売上高，売上原価，販管費のベクトルに10年分，20年分のデータを入れれば，データフレームの作成やデータフレーム同士の計算は，5年分の時とまったく同じ命令で行うことができます。

12) RStudio右上のウィンドウから，「Hyakkaten_U」をさがし，クリックするとその内容を見ることができます。

13) RでHyakkaten_Kr を実行した後，続けてHyakkaten_Erを実行すると，実行結果の窓に上下に並んで経常利益と営業利益が表示されますので，比較するときに見やすいです。

14) 税金の支払額は法人税法の定めに従って計算されますが，企業会計のルールと法人税法の規定とでは異なる部分もあるため，会計上は当期の税金費用ではないのに法人税法上は税金の支払いが必要だったり，またその逆だったりというケースが出てきます。そうした「ずれ」をなくして企業会計と法人税法上の計算の整合性を取るための項目がここでいう「調整額」です。この「調整額」が存在するため，ある年は税金がとても多くなったり，またある年は税金が「マイナス」（税金が戻ってくるような計算）になったりということが起こります。

15) 今回の百貨店3社の数値は連結のものを使用しています。連結ですので，当期純利益には子会社の当期純利益も含まれているのですが，子会社を100％所有していない限り，親会社以外の株主が存在します。たとえば，三越伊勢丹がある会社（「A社」としましょう）の株式の80％を所有していれば，このA社は三越伊勢丹の子会社であり，三越伊勢丹はA社の親会社ということになりますが，A社は三越伊勢丹の完全な子会社ではありません。三越伊勢丹が80％を所有しているのであれば，あとの20％はどこか他の会社（1社かもしれませんし，複数の会社かもしれません）がこのA社の株式を持っていることになります。したがって，この子会社の当期純利益も，80％は三越伊勢丹のものですが，あとの20％は他の会社（このような，親会社以外の株主のことを「**少数株主**」といいます）のものということになります。親会社の当期純利益は，まずは子会社の当期純利益をすべて計算に入れて算出していますので，あとから少数株主の分を差し引く必要があるのです。

16) Hyakkaten_Kr$Mitsukoshiのところは，Hyakkaten_Kr[,1]（Hyakkaten_Krデータフレームの第1列という意味。1.1.2を参照）としても同じ効果が得られます。Hyakkaten_Kr$Mitsukoshiという形式にすることの利点は，三越伊勢丹のデータであることが明確にわかることです。

17) この場合，「総資産回転率」と呼んだ方がよいのかもしれませんが，ここでは，総資産で割ったものも「総資本回転率」と呼ぶことにします。

18) 総資本回転率の分母は総資産なので，備品（イス）のみを計算に入れているここでの例は総資本回転率とは異なりますが，回転率のイメージは備品だけで考えても，資産全体で考えても，同じように考えることができます。

19) 「権利」も資産の一種です。

20) すでにこれまでに，たくさんのベクトルやデータフレームを作ってきました。作成したベクトルやデータフレームの名前は，RStudio右上の窓の「Environment」のところに一覧表示されていますので，ここで確認してください。

21) 「2012年度」とは「2013年3月期」ということです。売上高のベクトルは2009年3月期から2013年3月期までの5年分のデータですので，2012年度の金額はいちばん右の1236333です。

22) テストの成績には，テスト勉強だけが反映されるものではないでしょう。高校での成績には小学校，中学校でどんな勉強をしたかが影響しているかもしれません。また，睡眠時間や食事の内容など，生活習慣も関係していることが考えられます。

23) 1227947は，三越伊勢丹の2012年3月31日の数値（2011年度の期末総資産）ですが，これは同時に，

2012年4月1日の数値（2012年度の期首総資産）ということでもあります。

24）「現金」で考えるとわかりやすいでしょう。皆さんは財布にいま何円入っていますか。1万円だとすれば，その1万円がストックです。過去にたくさんの回数，財布にはお金が出たり入ったりしたことと思いますが，そういった出入りがすべて反映され，結果としていま1万円ということなのです。

25）「借入金」は銀行などから借りたお金のことです。たとえば，借入金が10万円だとすれば，それは，「現在の要返済額が10万円である」という意味です。過去に借りたり返したりをくり返した結果，現在の金額が10万円ということです。

26）これ以降，6年分のデータを取った場合のベクトルは，左から（2008年3月，2009年3月，2010年3月，2011年3月，2012年3月，2013年3月）の金額を表します（高島屋は2月決算なので，高島屋のみ各年2月の金額）。ただし，三越伊勢丹は2008年4月の設立ですので，2008年3月31日の金額のデータがありません。そこで，2008年の三越伊勢丹だけは例外で，2008年6月30日の値，すなわち2008年度第1四半期（年度を4等分した最初の3カ月）の値を用いています。4月1日と6月30日では3カ月の差がありますが，3カ月程度では総資産にそれほど大きな誤差は生じないと思われます。

27）ベクトルの長さについては，第2章の注13）を参照してください。

28）後述するように，平均総資産はくり返し処理によって求めます。このとき，作成するベクトル（この例ではMitsukoshi_SSH）の長さがわかっているなら（今回は5年分なので「5」であることがわかっている），ここで行ったように先に「入れ物」を作っておき，それを上書きする形にした方が処理速度が速くなるようです（石田基広『Rで学ぶデータ・プログラミング入門』59-60ページ）。

29）損失によって資本が減少することについては，第2章2.2を参照。

30）2.1.1で見たように，総資本＝総資産ですので，資本が減少すれば資産も減少します。

31）先にやった三越伊勢丹では，このような表示にはなりませんでした。実際には，小数点以下の数字は出ているのですが，自動的に四捨五入されたものと思われます。

32）回転率は，多くの場合，売上高を何らかの資産で割ったものです。売上高を資産で割り，その資産の名前が「×××回転率」の「×××」のところに入ります。ですから，売上高を総資産で割れば「総資産回転率」（これは「総資本回転率」と同じです）となりますし，棚卸資産で割れば「棚卸資産回転率」となります。

33）このため，棚卸資産回転率は在庫回転率と呼ばれることもあります。

34）「商品」と「製品」は同じもののように思われそうですが，会計学では両者ははっきりと区別されています。外部から完成品を仕入れた場合，その品物は「商品」と呼ばれます。他方，製造業において，工場で材料から作った品物のことを「製品」といいます。要するに，外から仕入れたものか，自分で製造したものかの違いです。

35）「仕掛品」とは，製造業において，製造途中の品物のことです。たとえば，ボディーはできているが，ライトがまだ付いていなかったり，塗装がまだ行われていない車などを想定すればよいでしょう。これは「製品」と明確に区別されます。すべての工程を終え，完成したものを「製品」と呼び，まだ加工の途中であるものを「仕掛品」と呼ぶのです。ちなみに，「仕掛品」は「しかかりひん」と読みます（「しかけひん」ではありません）。

36）製造業の場合，「仕入れ」と「販売」の間に「生産（製造）」が入ります。材料を「仕入れ」て製品を「生産」し，それを「販売」するということです。

37）製造業の場合は，「仕掛品」や「原材料」を余分に持たないようにすることでも，棚卸資産回転率が向上します。未完成品をなるべく長く持たないようにし，原材料についても必要な最低限の分だけ置いておくようにすれば，棚卸資産全体の金額が抑えられ，回転率の数値が上がります。

38）物理的になくなるのではなく，あくまでも金額の上での感覚として，そのようにとらえることができるということです。また，販売によって棚卸資産が減少し，売上原価が同額だけ計上されるわけですから，

売上高よりも売上原価の方が棚卸資産とより直接的な関連性があるといえます。このことを重視して棚卸資産回転率の分子を売上原価とする考え方もあります。しかし本書では，回転率の分子を売上高で統一することのわかりやすさのメリットをとり，売上高を分子としたものを採用しています。

39) 売上債権は，過去から現在に至るまでの取引の結果，まだ受け取っていない代金がどれだけあるか，という蓄積高ですので，ストックです。

40) 「販売がなされた」という事実は，後に代金の回収が行われても，行われなくても消えることはありません。したがって，販売がなされたことの成果を示す売上高は，販売のたびにその年度の実績として増加していきます（これは，売上高が期間的なフローであることの現れです）。他方，（代金回収を後ほど行う販売を前提とすると）売上債権は販売によって増加し，代金回収によって減少します。したがって，販売と代金回収がくり返されるなら，それに合わせて売上債権も増加と減少をくり返すことになります。つまり，売上債権には増加と減少があるのです（これは，売上債権が過去からの蓄積を表すストックであることの現れです）。ですから，売上債権がある一定期間で増加していないとすれば，それは何も起こらなかったことを示すのではなく，「増加→減少」がくり返し起こったことを示すのです。

41) rep( )では，数字の並びをくり返すこともできます。たとえば，rep(1:2,times=3)とすれば，１２１２１２というベクトルが作成されます。

42) 「持分法による投資損失」が出た場合，事業利益は，「営業利益＋受取利息・配当金－持分法による投資損失」となります。

43) 「持分法による投資利益」は連結損益計算書の営業外収益のところに記載されています。「持分法による投資損失」の場合は営業外費用となります。

44) 「SSH」は「総資産の平均」という意味で用いましたが，総資本と総資産は等しいので，これは「総資本の平均」でもあります。

45) どの資本にどの利益が対応させられるべきかということについては，桜井久勝『財務諸表分析』第５版（中央経済社，2012年）第８章を参考にしました。

46) 会計学上，「その他有価証券」と呼ばれるもので，企業同士で相互に持ち合う株式がその代表的な例です。

47) 自己資本を表す式の中で，未実現の利益について，わざわざ「現時点での」と付けたのには理由があります。それはフローとストックの話（2.1.4を参照）に関係するものです。たとえば，1,000円で購入したものが1,500円に値上がりすれば，現時点での未実現利益は500円です。この株式がその後値下がりして1,200円になったとすれば，現時点での未実現利益は購入額1,000円との差額である200円です。この「200円」は過去の値上がり，値下がりの履歴（ここでの例では，1,000円から1,500円に値上がりした＋500円と，1,500円から1,200円に値下がりした－300円）を反映した現在の金額なので，ストックです。これに対して，１回ごとの値上がり，値下がりは期間的な発生額ですので，フローです。自己資本の一部としての未実現利益は，フロー，ストックでいえば，ストックです。資本がもともとストックなのですから，その一部をなす未実現利益の部分もストックということになります。「その他の包括利益累計額」という用語の「累計額」とは，「過去からの蓄積額」という意味ですので，ストックであるということをこの用語の中にも見ることができます。

48) なぜ当期純利益が株主にとっての利益なのかというと，当期純利益の分だけ株主資本が増えるからです（そして，株主資本は自己資本の一部なので，株主資本が増えればそれだけ自己資本も増えます）。他の利益と株主資本との間にこのような関係はありません。

49) 小数点以下第４位で四捨五入している関係で，ぴったり同じにはなりません。

第 4 章

安全性の分析

本章では，安全性の分析を行います。安全性とは，**「企業が倒産せずに存続できる力」**のことです。「もうける力」も大切ですが，企業が倒産せず，活動を長く続けていくことができるかどうかもそれに劣らず重要です。「もうける力」（収益性）が企業の**「攻め」の側面**を表したものであるとするなら，「企業を存続させる力」（安全性）はいわば**「守り」の側面**を表したものであるといえるでしょう。

企業が倒産しないようにするためには，何が必要でしょうか。その重要な1つは，「債務を確実に返済できること」です。これまで学んできたように，企業の資金源としては，資本（自己資本）と負債があります。資本とは，いわば「自分のお金」であり，返済の必要のない資金です。これに対して，負債とは「他人から借りたお金」であり，返済の必要があります[1]。ほとんどの企業は，自己資本だけでなく，負債の力も借りて資金を調達し，それを用いて事業活動を行っています。つまり，「いつかは返済しなければならないお金」を抱えているのです。経営がうまくいっている間はいいのですが，業績が悪くなってくると，この返済すべきお金の存在が企業の倒産・存続を分けるような場面が出てくる可能性があります。また，負債の存在が企業に与える影響は，負債の金額や，それに見合う資産との関係性によって変わってきます。以下では，企業の債務返済能力を会計数値を用いて判定する方法について，見ていくことにします。

❶ 貸借対照表の数値を用いた分析

債務返済能力の分析は，貸借対照表に掲載されているさまざまな項目の値を用いることによって，行うことができます。以下では，債務返済能力を表す代表的な指標を見てみましょう。

1.1 流動比率・当座比率

■**流動比率**　まず，**流動比率**ですが，これは流動資産を流動負債で割ったものです。

$$流動比率 = \frac{流動資産}{流動負債}$$

ここで，流動資産とは，流動負債とは何だったか，読者の皆さんは覚えておられるでしょうか。第2章1.5でもみたように，**流動資産**とは，**「利用期間の短い資産」**，言い換えれば，**「現**

金化されるまでの期間が短い資産」のことです。企業は，資本や負債という形で調達した資金を使って，事業活動に必要なモノを購入します（これを資金の「投下」といいます。第2章1.3を参照してください）。そして，購入したモノを有効に活用して，利益を獲得することをめざします。この過程で，モノは再び現金に変わります（たとえば，現金を使って購入した「商品」は，販売されることで再び現金に変わります）。このようなサイクルを考えたときに，企業が保有する資産のうち，短期間のうちに現金に変わるような資産を，流動資産と呼びます。流動資産の代表的な項目としては，現金，売掛金，受取手形，有価証券，棚卸資産などがあります[2]。なお，ここでいう「短い」，「短期（間）」とは，「1年以内」と考えていただければ結構です（これは負債でも同じです）。

　他方，**流動負債**とは，「**利用期間の短い負債**」，言い換えれば，「**短期間のうちに返済期日の来る負債**」のことです。負債は他人から借りた資金のことですが，返済期日が来るまでの間は，事業活動に使うことができます。短期間のうちに返済期日が来るということは，その使える期間が短いということです。負債にはタイムリミットがあり，それが近い（つまり短期）のか遠い（つまり長期）のかということは，企業の返済能力を見るうえで重要です。資産にしても負債にしても，その**利用期間の長短が企業の状態に影響を及ぼすこと**を覚えておきましょう。

　さて，以上のことをふまえて，あらためて上記の流動比率の式を見てみましょう。流動比率は，**流動負債に対して流動資産を十分に保有しているかどうかを見る指標**です。十分かどうかの判断基準としては，「1」がとりあえずの目安となります。流動比率が1以上であるということは，流動負債と同じか，それよりも多くの流動資産を保有しているということを表し，1を下回るということは，流動資産の金額が，流動負債の金額に満たないことを示します。流動資産は短期のうちに換金できる資産，流動負債は短期のうちに返済しなければならない負債を表しますので，流動比率が1以上であるということは，「**短期のうちに負債を返済する必要に迫られても，それを全額カバーできるだけの資産を持っている状態**」であると考えることができます。このとき，流動資産を全額換金すれば，流動負債の全額を返済してもまだお金が余ることになります。流動比率の背景にあるのは，「近い将来に返済の必要があるのであれば，近い将来にお金になるような資産を十分に持っておいたほうがよい」という考えです。したがって，流動比率は，**短期で見たときの債務返済能力**を表すといえます。

■**当座比率**　当座比率は当座資産を流動負債で割ったものです。

$$当座比率 = \frac{当座資産}{流動負債}$$

　この式をさきほどの流動比率の式と見比べてみてください。分母は流動比率のときと同じく流動負債ですが，分子が異なっており，流動資産ではなく当座資産となっています。ここで，当座資産とは何かを，まずは把握しておきましょう。当座資産とは，「**流動資産のうち，とくに換金の容易な資産**」のことです。具体的には，次のものをさします。

$$当座資産 = 現金（・預金）＋有価証券＋売掛金＋受取手形$$

ここから，当座資産について，次のことを理解しておきましょう。

- 当座資産とは，「現金（預金を含む）」，「有価証券」，「売掛金」，「受取手形」の４つの資産をさす[3]。
- 当座資産は，流動資産の一部である。
- 当座資産と呼ばれる４つの資産は，流動資産の中でも，とりわけ換金しやすい。

ということです。ここで，１つキーワードをあげておきましょう。それは，「**流動性**」です。「流動性」とは，「**換金の容易さ**」ということです。企業の債務返済能力を分析するさいには，この「流動性」に着目することが重要です。

流動性は，「高い」とか「低い」などと表現されます。流動性が高い資産とは，換金の容易な資産のことであり，流動性が低い資産とは，換金までに比較的時間がかかる資産のことをいいます。資産の大きな分類として，流動資産と固定資産がありますが，これは，流動性の高さに基づく分類です。**固定資産**は，第２章1.5でみたように，いったん購入すると長期間にわたり利用するものですので，売却によって換金されるまでには長期間を要します。したがって，固定資産は流動性の低い資産です。つまり，

$$流動資産の流動性 ＞ 固定資産の流動性$$

という関係性があります。したがって，流動資産は，固定資産との比較でいえば，すでに流動性の高い資産であるといえます。しかし，ひとくちに流動資産といっても，それを構成する各項目を見ると，換金可能性には差があります。つまり，流動資産の中にも，流動性のレベルの違いがあるのです。当座資産とは，流動性が高いとされる流動資産の中でも，さらに流動性の高い資産なのです。つまり，

$$流動資産 ＝ 「当座資産」＋「当座資産よりも流動性レベルの低い流動資産」$$

と表現することができます。当座資産を構成する４つの資産は，いずれも換金可能性にすぐれています。「現金・預金」はお金そのものです。「有価証券」は証券市場で売却することにより，すぐにでもお金に換えることができます。「売掛金」と「受取手形」は未回収の販売代金をさしますが，これも販売先との約束で，短期のうちに現金の形で受け取れるものです。

これに対して，「当座資産よりも流動性レベルの低い流動資産」とは何でしょうか。その代表的なものが「棚卸資産」です。棚卸資産とは，第３章2.2.1でみたように，別の言い方をすれば「在庫」のことであり，「まだ売れていない品物」を表します。棚卸資産は，換金可能性という点において，当座資産と比べると明らかに劣ります。なぜかというと，**品物が確実に売れるという保証はない**からです。売れなければ，棚卸資産はいつまでたっても現金に変わってはくれません。この点で，当座資産に分類される「売掛金」や「受取手形」とは決定的に異なります。売掛金と受取手形では販売は終了しており，代金回収がまだというだけですが，棚卸

資産は販売そのものがまだ行われていません。「販売した代金を回収すること」と「販売自体を実現させること」とでは、難易度に大きな差があり、後者の方が難しいといえます。したがって、棚卸資産は流動資産ではあるものの、当座資産とは異なるのです。

このことから、企業の債務返済能力を的確に把握するためには、流動資産に注目するだけでは不十分であり、流動資産の中に当座資産がどの程度含まれているかを見る必要があるといえます。たとえば、いまA社、B社という2つの会社があり、両社とも流動資産が1,200万円、流動負債が800万円であるとしましょう。流動比率を計算すると、両社ともその値は1.5です（流動比率 $= \frac{流動資産}{流動負債} = \frac{1200}{800} = 1.5$）。ただし、このA社とB社では流動資産1,200万円の内容が異なっており、A社が当座資産1,000万円、棚卸資産200万円であるのに対し、B社は当座資産400万円、棚卸資産800万円であるとします。このとき、A社とB社では当座比率に違いが出てきます。A社の当座比率は1.25（当座比率 $= \frac{当座資産}{流動負債} = \frac{1000}{800} = 1.25$）ですが、B社の当座比率は0.5（$\frac{400}{800} = 0.5$）しかなく、両社の当座比率には大きな差が出ました。

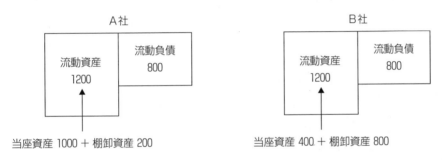

流動比率が同じでも、流動資産の構成によって、当座比率は異なってくる。A社の方が当座比率は高い。

このA社とB社で、債務返済能力がより高いのは、どちらでしょうか。いうまでもなく、答えはA社です。A社は、流動資産の中でも、流動性レベルの高い当座資産を多く持っていますが、B社は、流動性レベルがより低い棚卸資産の金額が大きくなっています。債務を返済するためには、支払のための現金を用意する必要がありますので、**換金の容易な（つまり流動性レベルの高い）資産を多く持っているA社の方が有利**です。そして、このことは両社の当座比率の違いとなって現れています。

上記の例からもわかるとおり、流動比率が同じであっても、債務返済能力がまったく同じというわけではありません。このとき、当座比率を用いれば、違いがよりはっきり出てきます。流動比率も当座比率も高ければ債務返済能力は高いといえますが、流動比率が高くても当座比率では低い値となってしまう場合、返済能力は劣ると考えられます。したがって、**当座比率は流動比率の「質」を浮かび上がらせる効果がある**といえるでしょう。当座比率が高ければ流動比率の質は相対的に高く、当座比率が低ければ流動比率の質は相対的に低いといえます。**当座比率は流動比率と必ずセットで用いる**ことが重要です。

1.2 自己資本比率

自己資本比率は，自己資本を総資本で割ったものです。

$$自己資本比率 = \frac{自己資本}{総資本}$$

総資本とは，第2章1.2でもみたように，負債と資本の合計額，すなわち企業の調達したすべての資金のことであり，自己資本とは，第3章3.3.1でみたように，広い意味での株主のお金のことです。株主は株式会社の持ち主ですので，自己資本は株式会社にとって「自分のお金」を表します。逆に自己資本以外の資金は，「他人のお金」ということになります。自己資本比率が見ているのは，総資本に占める自己資本の割合，言い換えれば，**全資金に占める自分のお金の割合**ということです。

自己資本比率は高ければ高いほど安全であると考えられます。なぜなら，**自己資本は自分のお金であり，返済の必要がないからです**。資金の中で，返済しなくてもよいお金が多ければ多いほど安全だというのは，自然な考え方として読者の皆さんも納得できるのではないでしょうか。

自己資本比率のとらえ方としては以上のようなことで十分だと思いますが，ここで，1つ注意すべき点を確認しておきましょう。それは，自己資本の金額の分だけ企業に現金が存在するわけではないということです。たとえば，自己資本として1,000万円，他人からの借入で1,000万円を調達し（つまり総資本が2,000万円），1,800万円の機械を購入したとしましょう。このとき，残っている現金は200万円です（2,000万円－1,800万円）。ここにおいて，すでに自己資本と現実に残っている現金の金額は異なっています（自己資本1,000万円，現金200万円）。ですから，自己資本が1,000万円というのは，「資産の購入に使うお金のうち，1,000万円は自分のお金で用意した」ということを表すのであり，現実に現金が1,000万円あるということではないのです[4]。

自己資本比率の高低の基準としては，0.5（50％）が目安となります。自己資本比率が0.5以上，つまり，総資本のうち自己資本が半分以上あれば，さしあたり安全であると考えられます。自己資本比率が0.5の場合，総資本のうち自分のお金が半分，他人のお金が半分ということになります。上記の例がちょうどこの状態（総資本2,000万円に対して自己資本が1,000万円）ですが，すでに述べたように，調達された資金は，それが購入に使われる（つまり投下される）ことで資産に形を変えていますので，自己資本と同額の現金が存在しているわけではありません。しかし，自己資本比率が0.5であれば，自己資本の金額に見合うだけの（現金またはそれ以外の形態の）資産が，負債と同額だけ存在しているということになりますので，いざとなればその資産を処分するなどして現金化し，負債の返済にあてることができます。このように，自己資本比率において0.5が目安とされている背景には，負債をちょうど返済できるだけの金額の資産が存在していれば，負債を全額返済してもまだ半分の資産が残るので，ひとまず安心である，という考えがあるといえます。もちろん，自己資本比率が0.5よりも高ければ，さらに安全ということになります。

1.3　固定比率・固定長期適合率

■**固定比率**　固定比率は，固定資産を自己資本で割ったものです。

$$固定比率 = \frac{固定資産}{自己資本}$$

　固定比率が何を意味しているのかを考えるためには，流動比率と比較してみるとよいでしょう。流動比率は $\frac{流動資産}{流動負債}$ でしたね。分母が流動負債，つまり短期の資金（短期のうちに返済期限の来る資金）であり，分子は流動資産，つまり短期の資産（短期のうちに換金される資産）です。これで短期の債務返済能力を見ることができました。

　これと同様に，上記の固定比率の式を見てみましょう。分母は**自己資本**ですが，これは会社にとって自分のお金であり，返済の必要がありません。返さなくてもよいわけですから，永久に使用できる資金ということができます。したがって，これは**長期の資金（永久的な資金）**です。分子は**固定資産**ですが，これは第2章1.5などでもすでに見たように，利用期間の長い資産，言い換えれば**長期の資産（現金化されるまでの期間が長い資産）**です。ここから，流動比率と固定比率は，ともに分母が資金，分子が資産となっており，流動比率は分母・分子ともに短期，固定比率は分母・分子ともに長期のものとなっていることがわかります。そして，流動比率が短期の債務返済能力を表すものであったこととの対比から，固定比率は**長期で見たときの債務返済能力**を表すものであるといえます。

　流動比率では，短期の負債に対して，それを返済するのに十分な短期の資産を保有しているかどうかというところに着眼点がありました。つまり，負債の金額に対して十分な資産があるかどうかがポイントでした。これに対して，固定比率では，**長期の資産を購入するための資金の方に着眼点**があります。すなわち，固定資産に投入されたお金のうち，どれだけが自己資本であるかを見ているのです。なぜこの点に着目するのか，考えてみましょう。

　第2章1.3でもみたように，企業経営においては，現金を投下することによって一時的に現金以外のものを保有し，それが再び現金化されるプロセスの中で，より多くの現金を獲得していきます。この「現金が現金以外のものに一時的に変わり，再び現金になって返ってくる」というプロセスに要する時間は，資産によって長短があります。短いものの例としては流動資産の1つである「商品」があるでしょう。商品は通常，短期のうちに販売され，その販売代金の受取がなされることで現金に変わります。これに対し，固定資産（たとえば機械設備や建物など）は，長期で利用する資産ですから，いったん購入すると，その購入のために支払った現金が，ふたたび現金として返ってくるまでには，長い時間がかかります（機械設備や建物は，一度購入すると短期のうちには売却しません）。

　したがって，固定資産の購入のために現金を支払うと，その用途が「固定資産の利用」ということに長期にわたって限定されてしまい（このことを**「資金が固定化する」**といいます），投じた現金は，債務の返済など他の用途に使うことがしばらくの間できなくなります。結果として，固定資産をたくさん購入すると，それだけ現金不足に陥りやすくなります。現金不足になると，債務の返済が必要となったときに，それにあてられるお金がないということになり，

安全性がおびやかされます。ですから，固定資産という長期的に現金が拘束されるものを購入する場合，その購入に必要なお金は，なるべく長期的に利用できる資金を割り当てた方がよいということになります。自己資本は，返済の必要がなく永久に使用できる資金ですので，資金の中でも最も安全なものであるといえます。できれば，この自己資本の金額の範囲内で固定資産の購入をしたいところです。固定比率の式において，分母に自己資本が用いられるのには，そうした考慮が背景にあるのです。

　固定比率の良否の目安になるのは，「1」です。1以下であれば，自己資本の範囲内で固定資産が購入できたことになり，安全であるといえます。1を上回っていれば，自己資本だけでは固定資産の購入資金が足りていないことになり，安全性はより低いということになります。固定比率は，経営指標の中では比較的珍しく，**低ければ低いほど良好と判断される指標**ですので，注意しましょう。

左は固定比率が1以下，右は固定比率が1を超える状態。長期的な債務返済能力の点では，固定比率1以下が理想的。

■**固定長期適合率**　固定長期適合率は，次のように表されます。

$$固定長期適合率 = \frac{固定資産}{自己資本＋固定負債＋少数株主持分}$$

　固定長期適合率は，固定比率の仲間であり，考え方は固定比率と同じです。固定比率と異なるのは，**「長期の資金」の範囲を広げた**ことです。固定比率も固定長期適合率も，分母が長期の資金，分子が長期の資産ですが，固定比率が「長期の資金」を自己資本のみに限定しているのに対し，固定長期適合率は，その範囲を広げ，**「固定負債」**と**「少数株主持分」**も含めています。

　「固定負債」は第2章1.5でもみたように，決算日から返済期日までの期間が1年を超える負債のことであり，いわば「長く借りておける負債」です。固定負債は返済の必要がありますので，安全性の点で自己資本と比べると劣りますが，すぐには返済期日が来ないため，負債の中ではより安全なものであるといえます。

　「少数株主持分」は初めて登場する用語ですね。これは連結貸借対照表（第2章の注32を参照）にのみ登場する項目で，ひとことで言えば，「子会社に対して親会社以外の株主が出資したお金」のことです。子会社には，親会社が100％出資しているのでない限り，親会社以外の株主が存在します。この，親会社以外の株主のことを「少数株主」といいます[5]。連結貸借

対照表は子会社も含めた企業グループ全体の資産・負債・資本の状況を示したものですので、子会社の少数株主が出資した資金も資本の一部として表示されています。この部分を「少数株主持分」と呼びます[6]。

第3章3.3.1において、自己資本とは「広い意味での株主のお金」であると述べましたが、ここで言う「株主」とは、実は、連結財務諸表を意識すると、「親会社の株主」のことです。したがって、子会社の少数株主が出資したお金である「少数株主持分」は自己資本には含まれません。その意味で、少数株主持分は自己資本ではないのですが、親会社の株主かどうかということを抜きにすれば、「株主の出資したお金」であることには変わりありません。つまり、「負債ではないため返済の必要がない」という特徴は自己資本でも少数株主持分でも共通です。したがって、親会社株主に帰属するかどうかという区別はあるものの、少数株主持分は、企業グループ全体で見れば、返済の必要のない、長期的に利用できる資金であるといえます[7]。

固定比率では、「長期の資金」を自己資本に限定し、その範囲で固定資産の購入ができているかどうか、つまり固定比率が1以下になるかどうかを見ていましたが、この目安はいわば理想的な状況を考えたものであり、実際には、自己資本だけでは固定資産の購入資金すべてをまかなえないケースも多く見られます。そこで、「長期の資金」の範囲を広げ、自己資本に固定負債（返済の必要はあるが長期で利用できる資金）と少数株主持分（親会社株主の出資分ではないが、返済の必要がない資金）を加えた**「広い意味での長期の資金」**の範囲内で固定資産の購入ができていれば、安全とみてよいだろうと考えるわけです。それが固定長期適合率の意味です。

以上のことから、**固定長期適合率は、固定比率の基準を少し緩めたもの**といえます。固定長期適合率についても、良否の目安は「1」です。固定長期適合率が1以下であれば、「広い意味での長期の資金」の範囲内で固定資産の購入ができていることになります。固定比率が1以下であれば言うことはありませんが、かりに固定比率が1を上回ったとしても、固定長期適合率が1以下であれば問題ないと考えられます。

固定比率は1を超えるが、固定長期適合率では1以下となっているケース。広い意味での長期的な資金の範囲内で固定資産の購入ができているので、さしあたり問題ないといえる。

1.4　Rによる練習

■**三越伊勢丹の貸借対照表数値**　ここまで、流動比率・当座比率、自己資本比率、固定比率・

固定長期適合率について，その内容と意味を見てきました。では，百貨店3社のデータを用いて，実際にこれらの比率を計算してみましょう。

上記の各種比率に共通していえることは，**貸借対照表に掲載されている数値を用いている**ということです。そこで，以下では，まず三越伊勢丹について，貸借対照表の主要な数値を一覧表にまとめてみたいと思います。具体的には，流動資産，当座資産，固定資産，流動負債，固定負債，自己資本，少数株主持分，総資本の数値です。では，以下の命令を実行してください。

```
Mitsukoshi_RS=c(260856,225252,242792,260208,252872)
Mitsukoshi_TZS=c(145669,135563,145372,145300,149582)
Mitsukoshi_KS=c(1090776,1012753,994888,967673,970769)
Mitsukoshi_RF=c(500990,439026,418586,403089,426627)
Mitsukoshi_KF=c(360902,373858,401036,356378,291923)
Mitsukoshi_JS=Hyakkaten_JS[-1,1]
Mitsukoshi_SKM=c(13637,10317,10568,10648,12683)
```

上から，三越伊勢丹の流動資産（RS），当座資産（TZS），固定資産（KS），流動負債（RF），固定負債（KF），自己資本（JS），少数株主持分（SKM）の過去5年分の数値です。これらについて，留意していただきたい点を以下に記しておきます。

まず当座資産の数値ですが，これは，1.1でも見たとおり，現金・預金，有価証券，売掛金，受取手形の合計額となっています。

次に自己資本ですが，上記の命令を見ると，ここだけ数値ではなく，Hyakkaten_JS[-1,1]という命令になっています。これは，第3章3.3.3で「Hyakkaten_JS」として百貨店3社の自己資本を計算しましたので，それを利用したのです。「Hyakkaten_JS」は百貨店3社の過去6年分の自己資本をデータフレームの形で計算したものでした（ROEの計算には自己資本の平均値が必要でしたので，6年分の数値を用いていました）。このうち，いま必要なのは三越伊勢丹のデータのみですので，Hyakkaten_JS[,1]とすれば，第1列だけが取り出され，三越伊勢丹のデータのみを得ることができます（これについては，第3章1.1.2を参照してください）。

ただし，これでは6年分のデータになってしまいますので，第1行（すなわち最も古い年度のデータ）は必要ありません。そこで，Hyakkaten_JS[-1,1]とすれば，第1行のみを除いて，第1列のデータを取り出すことができます。このように，マイナス（−）を付けると，そこだけを除くことができます。今回のように，行番号を示す部分でマイナスを付けると，その行のみ除いて，データを取り出すことになります。すなわち，Hyakkaten_JS[-1,1]は，「『Hyakkaten_JS』データフレームのうち，第1行を除いた第1列のデータ」という意味になります。ですから，こうすることで，三越伊勢丹（「Hyakkaten_JS」の第1列）の，過去5年分（第1行を除いたすべての行）のデータが得られるのです。

また，上記の命令の中に総資本がありませんが，総資本については，第3章2.1.4で

「Mitsukoshi_SS」としてすでに作成してありますので，これを用いることにします（「Mitsukoshi_SS」の「SS」は「総資産」ですが，総資産と総資本の金額は同じですので（第2章1.4を参照），これをそのまま総資本として用いることができます）。「Mitsukoshi_SS」も6年分のデータですが，これに関する調整は後ほど行います。

■**貸借対照表データフレームの作成と各種指標**　三越伊勢丹の貸借対照表数値が用意できましたので，ここでこれらをまとめてデータフレームにしたいと思います。以下の命令を実行してください。

```
Mitsukoshi_BS=data.frame(RS=Mitsukoshi_RS,
                         TZS=Mitsukoshi_TZS,
                         KS=Mitsukoshi_KS,
                         RF=Mitsukoshi_RF,
                         KF=Mitsukoshi_KF,
                         SS=Mitsukoshi_SS[-1],
                         JS=Mitsukoshi_JS,
                         SKM=Mitsukoshi_SKM)
rownames(Mitsukoshi_BS)=2009:2013
```

データフレーム名は「Mitsukoshi_BS」（BSとはBalance Sheet，つまり「貸借対照表」という意味です），そして各列にさきほど作成した流動資産，当座資産等のデータを入れています。総資本（SS）のところだけMitsukoshi_SS[-1]となっていますね。「Mitsukoshi_SS」は6年分のデータ（すなわち，要素の数が6つのベクトル）なのですが，今回は5年分のデータのみ必要としていますので，最初の年度，つまり「Mitsukoshi_SS」ベクトルの第1要素は必要ないということで，Mitsukoshi_SS[-1]としています。このように，ベクトル名に続く[ ]内の添え字でマイナスを付けると，その要素のみ除くことができます（たとえばMitsukoshi_SS[-2]とすると第2要素のみが除かれることになります）。この，第1要素を除いた「Mitsukoshi_SS」ベクトルに対して，列名「SS」を付けています。

それでは，できあがったデータフレームを見てみましょう。

```
Mitsukoshi_BS
```

すると，以下のような出力が得られることと思います。

	RS	TZS	KS	RF	KF	SS	JS	SKM
2009	260856	145669	1090776	500990	360902	1351633	475369	13637
2010	225252	135563	1012753	439026	373858	1238006	413861	10317
2011	242792	145372	994888	418586	401036	1237775	406501	10568
2012	260208	145300	967673	403089	356378	1227947	456584	10648
2013	252872	149582	970769	426627	291923	1223677	491002	12683

これで，貸借対照表を用いた債務返済能力の分析に必要なデータ5年分が，一覧表の形で用意できました。では，これからいよいよ，三越伊勢丹について，1.1〜1.3でみた各種比率を算出してみましょう。ここで，1つテクニックを使ってみたいと思います。たとえば，流動比率は，$\frac{流動資産}{流動負債}$ですので，上記のデータフレームで言えば，「RS」を「RF」で割ったものとなります。しかし，単純に

　　RS/RF

と命令しても，エラーが出てしまいます（実際に試してみてください）。これは，データフレーム名を入力しなかったためです。この場合は，

　　Mitsukoshi_BS$RS/Mitsukoshi_BS$RF

としなければなりません。このように，データフレームの中の特定の列を取り出すときは，「データフレーム名$列名」のように入力する必要があります（第3章1.3.2を参照）。しかし，いちいちこのようにデータフレーム名を入力するのは面倒ですね。そこで，次の命令を実行してください。

　　attach(Mitsukoshi_BS)

　こうすると，（　）内に指定されたデータフレーム（今回は「Mitsukoshi_BS」）の各列名を，ベクトル名としてそのまま用いることができるようになります。試しに，このようにattachで指定してからさきほどと同じ次の命令を実行してみてください。

　　RS/RF

今度は，エラーが出ず，以下のように出力されるはずです。

　　0.5206811 0.5130721 0.5800290 0.6455349 0.5927239

　これが，三越伊勢丹の流動比率です。こうすると，命令の入力が楽になりますね。
　ここで，注意点があります。上記のようにattachを使った場合，必要な計算が終わったら，次の命令を実行する必要があります（**今はまだ実行しないでください**）。

　　detach(Mitsukoshi_BS)

　これは，attachの指定を解除する命令です。こうすると，RS/RFのように列名だけで命令しても，再びエラーが出るようになります。detachで解除しないまま別のデータフレームをattachで指定してしまうと，列名のデータが，後でattachした方の内容で置き換わってしまい，混乱が生じます。ですから，attachを使ったときは，最後に必ずdetachで解除してください。
　では，上記で算出した流動比率以外のものも含め，三越伊勢丹の各種指標をデータフレーム形式で計算してみましょう。以下の命令を実行してください。

```
Mitsukoshi_anzen=data.frame(Rhiritsu=RS/RF,
                            Thiritsu=TZS/RF,
                            JShiritsu=JS/SS,
                            Khiritsu=KS/JS,
                            Ktekigou=KS/(JS+KF+SKM))
rownames(Mitsukoshi_anzen)=2009:2013
```

　安全性に関する指標ということで，データフレーム名は「Mitsukoshi_anzen」としました。データフレームに含まれる内容は，流動比率（Rhiritsu），当座比率（Thiritsu），自己資本比率（JShiritsu），固定比率（Khiritsu），固定長期適合率（Ktekigou）です。それぞれの比率の式が，1.1～1.3で学んだとおりになっていることを確認してください。たとえば，当座比率は$\frac{当座資産}{流動負債}$ですので，TZS/RF（当座資産を流動負債で割る）となっています。

　それでは，作成されたデータフレームの内容を見てみましょう。見やすくするため，小数点以下第3位まで表示することとします。

```
round(Mitsukoshi_anzen,3)
```

すると，以下のような出力が得られることと思います。

	Rhiritsu	Thiritsu	JShiritsu	Khiritsu	Ktekigou
2009	0.521	0.291	0.352	2.295	1.283
2010	0.513	0.309	0.334	2.447	1.269
2011	0.580	0.347	0.328	2.447	1.216
2012	0.646	0.360	0.372	2.119	1.175
2013	0.593	0.351	0.401	1.977	1.220

　これが，三越伊勢丹の債務返済能力を示す各種指標です。無事に計算ができたら，忘れないうちに，さきほど述べたdetachの操作をしておきましょう。

```
detach(Mitsukoshi_BS)
```

　これで，attachの解除ができました。それでは，あらためて三越伊勢丹の各種指標を簡単に解釈してみましょう。まず流動比率（Rhiritsu）ですが，過去5年間にわたって0.51～0.65程度で推移しており，流動資産と流動負債が同額であることを示す「1」をかなり下回る値となっています。流動比率が1を下回るということは，流動負債を全額返済できるだけの流動資産を保有していないことを意味しており，やや不安のある数値であるように思われます。しかし，流動負債を即時に全額返済しなければならないような事態は通常は起こりませんし，また，0.51～0.65という数値が百貨店業界全体の傾向であるならば，これでも悪くはないといえるのかもしれません。いずれにしても，これだけですぐに三越伊勢丹が危険と判定することは性急ですので，利益の状況や他社の数値とも合わせて考える必要があるでしょう。

次に当座比率（Thiritsu）ですが，これは5年間を通じて0.30～0.36程度で推移しています。当座資産が流動資産の一部である以上，当座比率が流動比率を下回ることは当然です。注目点としては，流動比率と比べたときの変化があります。流動比率よりも大きく当座比率が下落するようであれば，それは流動資産に占める当座資産の割合が低いことを示しており，支払能力に不安が残るといえます。ましてや，もともと流動比率が低い場合はなおさらです。三越伊勢丹の場合，当座比率の数値は流動比率と比べて著しく低下しているわけではないようです。これについても，他社と比べた優劣を見る必要があるでしょう。

自己資本比率（JShiritsu）については，0.33～0.40程度の値となっています。目安としては0.5以上あることが望ましいとされていますが，これは理想的な状況を表すものであり，0.5を下回ったからといって，それがすぐに返済能力が悪いことを示すものではありません。0.33～0.40程度であれば，まずまずの数値であるといえるでしょう。

固定比率（Khiritsu）は1.0以下であることが望ましいとされていますが，三越伊勢丹はほとんどの年で1.0どころか2.0を超えており，非常に高い値となっています。1.3でもみたように，固定比率は長期的に利用する資産（固定資産）を購入するための資金の出所に注目したものです。固定比率が2.0を超えるということは，自己資本の2倍を超える固定資産が購入されている，言い換えれば，固定資産の購入に要した資金のうち，自己資本（つまり永久的な資金）でまかなわれている部分は半分に満たないということになります。長期的な投資（すなわち固定資産の購入）は自己資本の範囲内で行うことが望ましい，という固定比率の考え方に照らせば，三越伊勢丹の長期投資の規模は，自己資本の金額に対して，アンバランスなほどに大きいといえます。これは，長い目で見たときに資金不足をもたらす危険性をはらんでいるといえます。

しかし，固定比率を1.0以下とするのは，長期資金を自己資本に限定する厳しい見方ですので，固定負債と少数株主持分も考慮して長期資金の範囲をより広く取った，固定長期適合率（Ktekigou）もあわせて見てみましょう。固定長期適合率が1.0以下であれば問題ないと考えられますが，三越伊勢丹はこの値もすべての年で1.0を上回ってしまっています。やはり，三越伊勢丹の長期投資の規模は大きすぎると言わざるをえません。三越伊勢丹は，固定長期適合率が1.0を下回る程度に資産のスリム化をはかった方がよいのかもしれません。

■**高島屋の安全性指標**　では，三越伊勢丹のときと同様の方法で，高島屋の債務返済能力に関する各種指標を求めてみましょう。まずは，会計数値のデータを用意します。

```
Takashimaya_RS=c(206617,239816,265878,262394,236263)
Takashimaya_TZS=c(130145,161211,191766,197538,168473)
Takashimaya_KS=c(544340,545282,551209,541522,554423)
Takashimaya_RF=c(313830,302444,304198,322910,294645)
Takashimaya_KF=c(155215,191415,211789,173525,160597)
Takashimaya_JS=Hyakkaten_JS[-1,2]
Takashimaya_SKM=c(3511,3842,4861,5328,6015)
```

三越伊勢丹のときと同様，上から流動資産，当座資産，固定資産，流動負債，固定負債，自己資本，少数株主持分です。自己資本のところでHyakkaten_JS[-1,2]となっているのは，「『Hyakkaten_JS』データフレームのうち，第1行を除いた第2列のデータ」という意味です（高島屋の自己資本は「Hyakkaten_JS」データフレームの第2列の数値です）。これで，高島屋の過去5年分の自己資本が得られます。

では次に，これらの数値を一覧表にまとめましょう。

```
Takashimaya_BS=data.frame(RS=Takashimaya_RS,
                          TZS=Takashimaya_TZS,
                          KS=Takashimaya_KS,
                          RF=Takashimaya_RF,
                          KF=Takashimaya_KF,
                          SS=Takashimaya_SS[-1],
                          JS=Takashimaya_JS,
                          SKM=Takashimaya_SKM)
rownames(Takashimaya_BS)=2009:2013
```

総資本（SS）のところがTakashimaya_SS[-1]となっているのも，三越伊勢丹のときと同じ理由によるものです。それでは，作成されたデータフレームを見てみましょう。

```
Takashimaya_BS
```

すると，以下のような出力が得られることと思います。

	RS	TZS	KS	RF	KF	SS	JS	SKM
2009	206617	130145	544340	313830	155215	750957	278398	3511
2010	239816	161211	545282	302444	191415	785098	287396	3842
2011	265878	191766	551209	304198	211789	817088	296237	4861
2012	262394	197538	541522	322910	173525	803917	302152	5328
2013	236263	168473	554423	294645	160597	790687	329427	6015

これで準備ができましたので，高島屋の各種指標を計算してみましょう。まずは，以下の命令を実行してください。

```
attach(Takashimaya_BS)
```

これで，「Takashimaya_BS」データフレームの列名をそのまま計算に用いることができるようになりました。では，高島屋の各種指標を計算するため，次の命令を実行してください（三越伊勢丹のときにやった命令をコピー＆ペーストし，「Mitsukoshi」となっているところを「Takashimaya」にすると手間が省けます）。

```
Takashimaya_anzen=data.frame(Rhiritsu=RS/RF,
                            Thiritsu=TZS/RF,
                            JShiritsu=JS/SS,
                            Khiritsu=KS/JS,
                            Ktekigou=KS/(JS+KF+SKM))
rownames(Takashimaya_anzen)=2009:2013
```

データフレーム名は「Takashimaya_anzen」としました．では，その内容を見てみましょう（小数点以下第3位まで表示）．

```
round(Takashimaya_anzen,3)
```

すると，以下のような出力が得られることと思います．

	Rhiritsu	Thiritsu	JShiritsu	Khiritsu	Ktekigou
2009	0.658	0.415	0.371	1.955	1.245
2010	0.793	0.533	0.366	1.897	1.130
2011	0.874	0.630	0.363	1.861	1.075
2012	0.813	0.612	0.376	1.792	1.126
2013	0.802	0.572	0.417	1.683	1.118

これが，高島屋の債務返済能力を示す各種指標です．まずは，attachの解除をしておきましょう．

```
detach(Takashimaya_BS)
```

それでは，高島屋の各種指標を解釈してみましょう．高島屋も，流動比率は1に満たない状態が続いています．どうも百貨店業界は全体的に流動比率が低いという特性があるのかもしれません．日本政策投資銀行編『産業別財務データハンドブック』2013年版によると，流動比率の全産業平均（1,698社）は138％（1.38）ですが，これに対して百貨店業界（11社）の平均は79.8％（0.798）となっています[8]．ここから，百貨店業界は，業界そのものの特徴として，流動比率が低い傾向にあると考えられます．この観点で見ると，高島屋の流動比率は業界平均並みであるといえます．また，さきほど見た三越伊勢丹と比べると優れていることがわかります．

当座比率は，0.41～0.63程度の値となっています．流動比率と比べて大きく数値が下がっているとはいえないので，流動比率に示された支払能力は，換金性の高い当座資産による裏付けが相当程度あると考えられます．また三越伊勢丹と比べてもかなり高い数値となっており，短期的な債務返済能力は高島屋の方が優れていると判定できます．ただし，流動比率・当座比率ともに，ここ3年間継続して下落しているのが気になるところです．

自己資本比率は0.36～0.42程度であり，三越伊勢丹と同程度か，やや優れた値といえます．

前出の『産業別財務データハンドブック』によれば，自己資本比率の全産業平均は36.7%（0.367）です[9]。その意味では，高島屋も三越伊勢丹も平均並みであり，悪くない数値といえるでしょう。

固定比率については，1.7～1.9程度の値となっています。多くの年で2.0を超えていた三越伊勢丹と比べるとかなり良いですが，目安である1.0は大きく上回ってしまっています。また，固定長期適合率でも依然として1.0以下を達成できていませんので，高島屋も，三越伊勢丹と同じく長期資金に対して固定資産の規模が大きすぎる状態であるといえるでしょう。

■**エイチ・ツー・オーの安全性指標**　前2社と同様に，エイチ・ツー・オーについても，各種指標を求めましょう。まずは会計数値を用意します。

```
H2O_RS=c(89344,88635,86332,63307,65418)
H2O_TZS=c(61112,63675,61144,38008,38095)
H2O_KS=c(233700,256063,257855,271922,293905)
H2O_RF=c(88845,82621,118390,88891,90700)
H2O_KF=c(80204,102511,74359,77484,82201)
H2O_JS=Hyakkaten_JS[-1,3]
H2O_SKM=c(111,96,60,1182,1145)
```

エイチ・ツー・オーの自己資本のデータは「Hyakkaten_JS」データフレームの第3列にあたりますので，上記のような命令になります。

次に，これらをデータフレームにまとめます。

```
H2O_BS=data.frame(RS=H2O_RS,
                  TZS=H2O_TZS,
                  KS=H2O_KS,
                  RF=H2O_RF,
                  KF=H2O_KF,
                  SS=H2O_SS[-1],
                  JS=H2O_JS,
                  SKM=H2O_SKM)
rownames(H2O_BS)=2009:2013
```

それでは，データフレームの内容を見てみましょう。

```
H2O_BS
```

すると，以下のようになります。

	RS	TZS	KS	RF	KF	SS	JS	SKM
2009	89344	61112	233700	88845	80204	323044	153837	111
2010	88635	63675	256063	82621	102511	344699	159329	96
2011	86332	61144	257855	118390	74359	344187	151145	60
2012	63307	38008	271922	88891	77484	335230	167330	1182
2013	65418	38095	293905	90700	82201	359323	184744	1145

それでは，エイチ・ツー・オーの各種指標を計算しましょう。まず，attachを行います。

```
attach(H2O_BS)
```

続いて，以下の命令を実行してください。

```
H2O_anzen=data.frame(Rhiritsu=RS/RF,
                     Thiritsu=TZS/RF,
                     JShiritsu=JS/SS,
                     Khiritsu=KS/JS,
                     Ktekigou=KS/(JS+KF+SKM))
rownames(H2O_anzen)=2009:2013
```

では，作成されたデータフレーム「H2O_anzen」の内容を見てみましょう（小数点以下第3位まで表示）。

```
round(H2O_anzen,3)
```

すると，以下のような出力が得られます。

	Rhiritsu	Thiritsu	JShiritsu	Khiritsu	Ktekigou
2009	1.006	0.688	0.476	1.519	0.998
2010	1.073	0.771	0.462	1.607	0.978
2011	0.729	0.516	0.439	1.706	1.143
2012	0.712	0.428	0.499	1.625	1.105
2013	0.721	0.420	0.514	1.591	1.096

これが，エイチ・ツー・オーの債務返済能力を示す各種指標です。ここまできたら，attachの解除をしておきましょう。

```
detach(H2O_BS)
```

では，エイチ・ツー・オーの各指標を見てみましょう。流動比率は2010年までは目安とされる1.0を上回っており，3社中で最高でしたが，2011年に0.7台にまで低下し，その後は横ばいが続いています。これには，流動負債の増加や，その負債を返済するための現金の使用が

影響しています。当座比率は，2010年に0.771と，他の2社と比べても良好な数値を記録していましたが，2011年以降は継続して低下しています。負債返済や他社の株式取得のために現金を使用したことが影響しています。

自己資本比率は，ここ3年間で継続して上昇しており，また，数値自体も他の2社より優れた値となっています。とくに，2013年は理想とされる0.5も超えており，良好な状態であるといえるでしょう。

固定比率は1.0を上回っているものの，他の2社よりは低い値となっています。また，固定長期適合率は2010年までは目安とされる1.0を下回り，良好な状態でした。2011年以降は1.0を超えていますが，その値は継続して低下しており，また，3社の中でも最も低くなっています。長期的な債務返済能力については，3社の中ではエイチ・ツー・オーが優れているといえます。

❷ 損益計算書の数値を用いた分析

2.1 インタレスト・カバレッジ・レシオ

ここまで見てきた債務返済能力の指標は，すべて貸借対照表の数値（流動資産，当座資産，固定資産，流動負債，固定負債，総資本，自己資本，少数株主持分）を用いたものでした。これに対して，損益計算書の数値を用いて債務返済能力をはかることもできます。その代表的な指標に，インタレスト・カバレッジ・レシオがあります。

インタレスト・カバレッジ・レシオは，以下の式により算出されます。

$$\text{インタレスト・カバレッジ・レシオ} = \frac{\text{事業利益}}{\text{支払利息}}$$

「事業利益」とは，第3章3.2.1でみたように，「営業利益＋受取利息・配当金＋持分法による投資利益」のことであり，企業が本業と金融活動から得た利益を表します。インタレスト・カバレッジ・レシオは，事業利益が支払利息の何倍であるかを表し，負債の利息を支払うのに十分な利益を得ているかどうかを見ようとするものです。ここで，「インタレスト」(interest)とは「利息」，「カバレッジ」(coverage) はcover（まかなう）から来ている語であり，「レシオ」(ratio) は「比率」ですから，要するにインタレスト・カバレッジ・レシオとは「利息をまかなう比率」，つまり，「利息を支払うために必要な利益があるかどうかをみる比率」ということです。

インタレスト・カバレッジ・レシオのように，損益計算書の数値を用いて債務返済能力を考えることの利点はどこにあるのでしょうか。それは，**「より現実の企業活動に即した支払能力がわかる」**という点です。たとえば，貸借対照表を用いた指標に流動比率があります。これは，流動負債に対して流動資産を同額かそれ以上に保有していれば，支払いが十分にできるということを想定した指標です。しかし，1.4で三越伊勢丹の流動比率を求めたときにも述べたように，流動負債の全額を即時に返済しなければならないような事態は通常は考えられませんので，

かりに流動資産の方が流動負債よりも少なかったとしても，すぐに支払不能になるということはほとんどないでしょう。むしろ，借入金の利息のように，定期的にやって来る支払いに対して十分な利益を獲得できていれば当面は大丈夫，というのがより現実的な考え方であるといえます。

したがって，インタレスト・カバレッジ・レシオが「1」以上であれば，支払利息と同額かそれ以上の利益を本業と金融活動から得られていることになりますので，利息が支払えずに倒産するという危険性は低いということになります。

債務を返済するために，資産を十分に保有していることが重要であることは間違いありませんので，流動比率や当座比率などの，貸借対照表を用いた比率が有益なのは確かです。しかし，それだけではわからない，より現実の支払いの場面を想定した支払能力をインタレスト・カバレッジ・レシオは示してくれますので，損益計算書を用いたこのような指標も合わせて用いることで，よりよく企業の実態を把握することができるようになるでしょう。

2.2 Rによる練習

それでは，百貨店3社のインタレスト・カバレッジ・レシオを算出してみましょう。まずはデータを用意します。以下の命令を実行してください。

```
Mitsukoshi_SR=c(3016,2128,1745,1714,1469)
Takashimaya_SR=c(1423,1686,1691,1551,1263)
H2O_SR=c(97,337,392,415,439)
```

これは，3社それぞれの支払利息（「SR」としました）です。インタレスト・カバレッジ・レシオを求めるには事業利益と支払利息が必要ですが，このうち事業利益は第3章3.2.3において「Hyakkaten_JGr」としてすでに得られていますので，それを利用することにします。

では次に，上記の支払利息をデータフレーム形式にします。

```
Hyakkaten_SR=data.frame(Mitsukoshi=Mitsukoshi_SR,
                        Takashimaya=Takashimaya_SR,
                        H2O=H2O_SR)
rownames(Hyakkaten_SR)=2009:2013
```

これで，百貨店3社の支払利息のデータが用意できました。それでは，事業利益を支払利息で割ることにより，インタレスト・カバレッジ・レシオを算出しましょう。

```
Hyakkaten_ICR=Hyakkaten_JGr/Hyakkaten_SR
```

データフレーム名は「Hyakkaten_ICR」としました（「ICR」はInterest Coverage Ratioの略です）。では，その内容を見てみましょう。小数点以下第3位まで表示することにします。

```
round(Hyakkaten_ICR,3)
```

すると，以下のような出力が得られることと思います。

	Mitsukoshi	Takashimaya	H2O
2009	8.590	19.465	146.948
2010	4.335	9.463	26.602
2011	9.811	12.524	29.168
2012	16.209	15.638	26.152
2013	15.279	22.906	26.367

　これが，百貨店3社のインタレスト・カバレッジ・レシオです。これを見ると，3社とも支払利息をはるかに超える事業利益（直近では支払利息の15倍以上の事業利益）を獲得していることがわかります。三越伊勢丹は，貸借対照表を用いた指標では，流動比率・当座比率が低く，固定比率・固定長期適合率が高いことから，あまり良い状態ではないと判断されるかもしれませんが，損益計算書の数値を用いたインタレスト・カバレッジ・レシオでは十分に高い数値を達成していますので，支払いに困って倒産の危険にさらされるということは，当面なさそうです。

　3社の中では，エイチ・ツー・オーが5年間を通じて最も高い数値を示しており，また，数値自体もここ数年安定しています。エイチ・ツー・オーは，貸借対照表を用いた指標でも，自己資本比率・固定比率・固定長期適合率では，おおむね3社中で最も良好な数値であり，流動比率・当座比率でも高島屋に次いで2番目に良い数値を示していました。インタレスト・カバレッジ・レシオも含めて総合的に判断すると，債務返済能力ではエイチ・ツー・オーが最も優れているといえるでしょう。

【注】

1) さきほど，「債務」という用語が出てきましたが，これは「負債」とほぼ同義と考えていただいて差し支えありません。「返済しなければならないお金」のことは，会計学上では「負債」と呼びますが，より一般的な用語として「債務」という呼び方もあります。「負債返済能力」という言い回しはあまり見かけませんが，「債務返済能力」という用語はよく用いられますので，ここでもそれを使用しました。
2) 「有価証券」とは，株式や公社債などの証券のうち，短期の利殖目的で保有するもの，あるいは短期のうちに換金されるものをいいます。売掛金，受取手形，棚卸資産については，第3章2.3.1および2.2.1を参照してください。
3) この4つの他に，短期貸付金や未収金等を含める考え方もありますが，本書では含めていません。
4) これは貸借対照表の右側と左側の根本的な違いを示すものです。忘れてしまった方は第2章1.1および1.3を見てください。
5) 2013年に改正された会計基準により，2015年4月に始まる年度から「非支配株主」という名称が用いられることになりました。ある会社を支配している会社が親会社であり（支配されている会社は子会社），親会社以外の株主は，子会社を支配していない株主ということで非支配株主と呼ばれます。
6) これも，「少数株主」のときと同様に，新しい会計基準のもとでは，「非支配株主持分」と呼ばれます。今後は「少数株主」や「少数株主持分」よりも「非支配株主」や「非支配株主持分」という呼称が一般化していくことになるでしょうが，従来の呼び方も長年用いられており，なじみがあることと，新会計

基準適用前の財務諸表には依然として従来の呼び方が残ることを考慮して，本書では「少数株主」および「少数株主持分」という用語を用いることにします。

7) 自己資本に少数株主持分を加えたものを「純資産」と呼びます（新株予約権（本書では説明を割愛しています）がある場合はそれも加えます）。純資産については第 2 章の注15) も参照してください。

8) この数値は，2012年度のもの（2012年 4 月 1 日〜2013年 3 月31日に決算を迎えた企業を対象としたデータ）です。

9) 自己資本比率については，この値が直接掲載されているわけではなく，「百分比貸借対照表」（総資産を100として貸借対照表の各項目をパーセント表示したもの）から筆者が判断しました。

第5章

総まとめ問題

　本書で学んだことの復習もかねて，以下の2つの問題をRを用いてやってみてください。参考までに解答例を示してありますが，もちろんこのとおりでなくても結構です。皆さん独自の工夫で解いていただければと思います。

問題1

　A株式会社の平成X1年度期首の資産・負債および平成X1年度中の収益・費用は以下のとおりであった（金額単位省略）。このとき，次の問に答えなさい。

資産・負債

現　　金	3300	短期借入金	2000
売 掛 金	4500	長期借入金	4000
商　　品	1200		
備　　品	2000		
建　　物	5000		

収益・費用

売 上 高	20000	売上原価	14000
受取利息	2500	販売費及び一般管理費	3400
受取配当金	1800	支払利息	1400
固定資産売却益	700	関係会社株式売却損	2200

問1　期首における（1）流動資産（2）固定資産（3）資産総額（総資産）（4）負債総額（5）資本の金額をそれぞれ求めなさい。

問2　（1）営業利益（2）経常利益（3）税引前当期純利益の金額をそれぞれ求めなさい。

問3　当期純利益の金額を求めなさい。ただし，税率は40％とする。

問4　A株式会社の平成X1年度期末の資本の金額を求めなさい。ただし，配当はないものとする。

（解答例）

問1

　A社の資産と負債を収容するベクトルを作ります。資産のベクトル名を「A_shisan」，負債のベクトル名を「A_fusai」とすると，Rで次の命令を実行します。

```
A_shisan=c(3300,4500,1200,2000,5000)
A_fusai=c(2000,4000)
```

流動資産は現金，売掛金，商品ですので，「A_shisan」ベクトルの第 1 要素から第 3 要素まで，固定資産は備品と建物ですので同ベクトルの第 4 要素と第 5 要素です。したがって，流動資産の金額は，

    sum(A_shisan[1:3])

で求められ，答えは 9000 です。固定資産は

    sum(A_shisan[4:5])

であり，答えは 7000 です。資産総額は資産全体の合計ですから，

    sum(A_shisan)

で求められ，答えは 16000 です。同様に，負債総額は

    sum(A_fusai)

で，答えは 6000 です。資本の金額（「A_shihon」とします）は，総資産から負債（総額）を控除したものですので（第 2 章 1.4 を参照），

    A_shihon=sum(A_shisan)-sum(A_fusai)

と表すことができ，答えは 10000 です。したがって，答えは（1）～（5）の順に 9000, 7000, 16000, 6000, 10000 となります。

問 2

A 社の収益と費用を収容するベクトルを作ります。収益のベクトル名を「A_shueki」，費用のベクトル名を「A_hiyou」とすると，R で次の命令を実行します。

    A_shueki=c(20000,2500,1800,700)
    A_hiyou=c(14000,3400,1400,2200)

営業利益（A_Erieki とします）はメインの活動から得られた利益であり，売上高から売上原価と販管費を差し引いたものですので，

    A_Erieki=A_shueki[1]-sum(A_hiyou[1:2])

と表すことができ，答えは 2600 です。受取利息・配当金と支払利息は金融活動から生じるものですので，営業利益の計算には含まれません。次に経常利益（A_Krieki とします）ですが，これは経常的な収益から経常的な費用を差し引いたものです。問題文の収益のうち経常的なものは売上高，受取利息，受取配当金の 3 つ，費用の中で経常的なものは売上原価，販管費，支払利息の 3 つです[1]。したがって，経常利益は

```
A_Krieki=sum(A_shueki[1:3])-sum(A_hiyou[1:3])
```

と表すことができ，答えは5500です。税引前当期純利益（A_Zriekiとします）は，すべての収益から税金以外のすべての費用を差し引いたものです。上記のベクトルを用いれば，

```
A_Zrieki=sum(A_shueki)-sum(A_hiyou)
```

と表すことができ，答えは4000です。したがって，答えは（1）〜（3）の順に2600，5500，4000となります。

問3

当期純利益は税引前当期純利益から税金費用を控除したものです。本問では税率は40％ですので，A社の当期純利益（A_Jriekiとします）は

```
A_Jrieki=A_Zrieki*(1-0.4)
```

と表すことができ，答えは2400となります。

問4

資本の金額は，当期純利益の分だけ増加します（第2章2.2を参照）。期首の資本は問1の（5）より10000，配当はありませんので，期末の資本は

```
A_shihon+A_Jrieki
```

で計算され，答えは12400となります[2]。

問題2

以下に示すのは百貨店3社（三越伊勢丹，高島屋，エイチ・ツー・オー）の2014年3月期決算（高島屋のみ2月決算）における貸借対照表の数値である（単位：百万円）。これを利用して，各社の安全性の分析を行いなさい。

	流動資産	当座資産	固定資産	流動負債	固定負債
三越伊勢丹	299657	194701	984888	435565	308023
高島屋	332121	256221	570017	335599	201627
エイチ・ツー・オー	92027	66389	285689	141603	53835

	総資本	自己資本	少数株主持分
三越伊勢丹	1284658	524591	14997
高島屋	902139	358193	6718
エイチ・ツー・オー	377716	180406	1194

(解答例)

　まずは三越伊勢丹についてやってみましょう。第4章1.1.4で2013年3月期までのデータについて，「Mitsukoshi_BS」というデータフレームを作成しました。これに2014年3月期のデータを付け足して，新しいデータフレームを作成してみたいと思います。そうすれば，過去の年度から2014年3月期にいたるまでの変化を一覧でき，分析に便利です。

　まず次の命令を実行します。

```
Mitsukoshi_BS2014=Mitsukoshi_BS
```

　これによって，「Mitsukoshi_BS」と同じ内容の「Mitsukoshi_BS2014」という名前のデータフレームができました。この「Mitsukoshi_BS2014」というデータフレームには，まだ2013年3月期までのデータしか入っていませんので，これに2014年3月期のデータを追加したいと思います。そのために，次の命令を実行します。

```
temp1=c(299657,194701,984888,435565,308023,1284658,524591,14997)
Mitsukoshi_BS2014[6,]=temp1
rownames(Mitsukoshi_BS2014)=2009:2014
```

　1つ目の命令で，「temp」というのは，一時的にデータを収容しておくための名前です。今回は，「temp1」という名前で，三越伊勢丹の2014年3月期のデータをベクトルにしました。このベクトルは第1要素から第8要素まであり，順に（流動資産，当座資産，固定資産，流動負債，固定負債，総資本，自己資本，少数株主持分）の金額となっています。

　2つ目の命令は，「Mitsukoshi_BS2014」データフレームに6行目を作り，そこに上記「temp1」の内容を入れることを表しています。データフレームの特定の行を取り出す方法については第3章1.1.2でやりましたが，今回のようにもともと存在しない行（「Mitsukoshi_BS2014」にはもともとデータが5行（2009年～2013年のデータ）しかありません）を指定すると，新たに作成されることになります。

　これで，「Mitsukoshi_BS2014」データフレームに2014年3月期のデータが追加されました。最後に，3つ目の命令で行の名前を「2014」まで付け直し，体裁を整えます。それでは，データフレームの内容を見てみたいと思います。

```
Mitsukoshi_BS2014
```

すると，以下のような出力が得られました。

```
         RS      TZS      KS      RF      KF      SS       JS      SKM
2009   260856  145669  1090776  500990  360902  1351633  475369  13637
2010   225252  135563  1012753  439026  373858  1238006  413861  10317
2011   242792  145372   994888  418586  401036  1237775  406501  10568
2012   260208  145300   967673  403089  356378  1227947  456584  10648
2013   252872  149582   970769  426627  291923  1223677  491002  12683
2014   299657  194701   984888  435565  308023  1284658  524591  14997
```

第4章1.1.4で作成した「Mitsukoshi_BS」に，2014年のデータが加わっていることがわかると思います。このデータフレームが作成できれば，あとは簡単です。安全性に関する各種指標の算出については，前に2013年までのデータでやったときと同じ命令をそのまま使うことができます。すなわち，以下のようにします。

```
attach(Mitsukoshi_BS2014)
Mitsukoshi_anzen2014=data.frame(Rhiritsu=RS/RF,
                                Thiritsu=TZS/RF,
                                JShiritsu=JS/SS,
                                Khiritsu=KS/JS,
                                Ktekigou=KS/(JS+KF+SKM))
rownames(Mitsukoshi_anzen2014)=2009:2014
detach(Mitsukoshi_BS2014)
```

これで，三越伊勢丹の2014年3月期のデータも含めた安全性指標を表す「Mitsukoshi_anzen2014」というデータフレームができました。命令中で，前にやったときと変わったところといえば，データフレーム名に「2014」が付いていたり，行の名前を2014年まで付け直したりしているくらいです。それでは，安全性指標を見てみたいと思います（小数点以下第3位まで）。

```
round(Mitsukoshi_anzen2014,3)
```

すると，以下のような出力が得られました。

```
       Rhiritsu  Thiritsu  JShiritsu  Khiritsu  Ktekigou
2009    0.521    0.291     0.352      2.295     1.283
2010    0.513    0.309     0.334      2.447     1.269
2011    0.580    0.347     0.328      2.447     1.216
2012    0.646    0.360     0.372      2.119     1.175
2013    0.593    0.351     0.401      1.977     1.220
2014    0.688    0.447     0.408      1.877     1.162
```

これが，2014年3月期のデータを反映した三越伊勢丹の安全性指標です。これを見ると，全体的に数値が改善していることがわかります。流動比率，当座比率，自己資本比率は高いほど良好とされる指標ですが，2013年から数値を伸ばしており，過去6年間で最高の値となっています。固定比率および固定長期適合率は低いほど良いとされる指標ですが，こちらも改善しており，6年間で最も良好な値となっています。貸借対照表の数値から導かれる指標で見るかぎり，三越伊勢丹の安全性は全体的に良くなったといってよいでしょう。

　高島屋とエイチ・ツー・オーについても同様の方法でできますので，安全性指標を算出し，比較してみてください。また，本問では取り扱いませんでしたが，売上高利益率やROA，ROEなどについても，最新のデータで分析してみるとよいでしょう。

【注】
1）関係会社の株式を売却するというのはかなり珍しいことであり，毎年くり返される性質のものではありません。したがって，「関係会社株式売却損」は経常的な項目ではなく，経常利益の計算には算入されません。
2）配当を行う場合は，その分だけ資金が流出しますので，期末の資本は減少することになります。たとえば本問で，当期純利益の半分を配当することとすると，2400の純利益のうち1200は流出しますので，残りの1200だけ資本が増加することになります。したがって，期末の資本は10000＋2400－1200＝11200となります（期末の資本＝期首の資本＋当期純利益－配当という式が成り立っています）。

索　引

【「R」の命令・オブジェクト】

＜A＞
attach ……………………………………144

＜C＞
c( ) …………………………………23, 36, 50
colMeans( ) ……………………………………57

＜D＞
data.frame( ) …………………………………51
detach ……………………………………144

＜E＞
Erieki ……………………………………41

＜F＞
for( ){ } ………………………………81, 90, 122
fusai ……………………………………29

＜H＞
H2O_anzen ……………………………………150
H2O_BS ……………………………………149
H2O_SSH ……………………………………84
H2O_SSK ……………………………………84
H2O_U ………………………………………50, 76
hidari ……………………………………27
hiyou ……………………………………36
Hya_ErPerU ……………………………………57
Hya_JrPerU ……………………………………71
Hyakkaten_Er …………………………56, 62, 109
Hyakkaten_JGr ……………………………………111
Hyakkaten_Jr ……………………………………68
Hyakkaten_JS ……………………………………122
Hyakkaten_JSH ……………………………………122
Hyakkaten_Kr ……………………………………62
Hyakkaten_ROA ……………………………………112
Hyakkaten_ROE ……………………………………125
Hyakkaten_SSH ……………………………………112
Hyakkaten_SSK ……………………………………85
Hyakkaten_TNK ……………………………………92
Hyakkaten_U ……………………………………51
Hyakkaten_USK ……………………………………99
Hya_KrPerU ……………………………………62

＜J＞
Jrieki ……………………………………37

＜K＞
kfusai ……………………………………32
Krieki ……………………………………43

＜M＞
migi ……………………………………23
Mitsukoshi_anzen ……………………………………145
Mitsukoshi_BS ……………………………………143
Mitsukoshi_SS ………………………………76, 80
Mitsukoshi_SSH ……………………………………80
Mitsukoshi_SSK ……………………………………82
Mitsukoshi_U ………………………………50, 76

＜N＞
numeric( ) ………………………………80, 122

＜R＞

rep( ) ……………………………………103
rfusai ……………………………………32
round( ) …………………………… 58, 82
rowMeans( ) ……………………………57
rownames( ) ……………………………52

＜S＞

shihon ……………………………… 29, 37
shueki ……………………………………36
soushisan ………………………………29

＜T＞

sum( ) ……………………………………24

Takashimaya_anzen …………………148
Takashimaya_BS ………………………147
Takashimaya_SSH ………………………83
Takashimaya_SSK ………………………83
Takashimaya_U …………………… 50, 76

＜Z＞

Zrieki ……………………………………44

【事項索引】

＜A-Z＞

CRAN ………………………………………1
EDINET …………………………………46
.RData ……………………………………19
ROA …………………………107, 108, 118
ROE ……………………………… 116, 125

＜ア＞

インタレスト・カバレッジ・レシオ ……151
受取配当金 ………………………………42
受取利息 …………………………………42
売上原価 …………………………… 40, 87
売上債権 …………………………………94
　───回転期間 …………………102, 104
　───回転率 ……………………… 93, 97
売上純利益 ………………………………47
売上高 …………………………… 34, 40, 77
　───営業利益率 ………………49, 57, 107
　───経常利益率 …………………59, 107
　───事業利益率 …………………109, 113
　───純利益率 ……………………64, 71, 119
運用 ………………………………………25
営業外収益 …………………………42, 60
営業外費用 …………………………42, 60
営業循環 ……………………………86, 94

営業利益 ………………… 40, 49, 56, 106
オブジェクト ……………………………19

＜カ＞

株式 ………………………………………22
　───会社 ………………………………22
株主資本 ……………………………22, 116
借入金 ……………………………………30
期首 ………………………………………38
　───資本 ………………………………38
期末 ………………………………………38
　───資本 ………………………………38
金融活動 ……………………………42, 60
経営成績 …………………………………34
経常利益 ……………… 42, 59, 60, 69, 106
減損損失 …………………………………67
子会社株式 …………………………48, 65
固定化 ……………………………………139
固定資産 ………………… 30, 31, 136, 139
　───売却益 …………………………44, 66
　───売却損 ……………………………44
固定長期適合率 ………………………140
固定比率 ………………………………139
固定負債 …………………………… 30, 140
個別損益計算書 …………………… 47, 108
個別貸借対照表 ………………………47

索　引

＜サ＞

財政状態 …………………………………33
財務諸表 …………………………………21
財務レバレッジ ……………………119, 128
事業利益 ………………107, 108, 118, 151
資金調達 …………………………………21
資金投下 ……………………………25, 26, 75
自己資本 …………………………………116
　───比率 ……………………………138
資産 ………………………21, 26, 78, 88
実現 ………………………………………117
実行 ………………………………………16
支払利息 ……………………………42, 61, 151
資本 ………………21, 22, 35, 78, 106, 116
　───回転率 …………………………107
　───利益率 …………………………106
収益 …………………………………34, 78
純資産 ……………………………………46, 154
少数株主 …………………………………67, 131
　───持分 ……………………………140
スクリプト ………………………………14
ストック ……………………77, 78, 88, 112, 133
税引前当期純利益 ……………………37, 44
総資産 ………………………………28, 39, 73
総資本 ………………………………24, 39, 73, 106
　───回転率 ……………73, 76, 82, 107,
　　109, 113, 119
添え字（添字） ……………………………46, 124
その他の包括利益累計額 ………………117

＜タ＞

貸借対照表 ………………………………21
棚卸資産 …………………………………86, 87
　───回転期間 ………………………101, 102
　───回転率 ……………86, 88, 90, 101
短期借入金 ………………………………30
長期借入金 ………………………………30

＜ハ＞

データフレーム ……………………50, 60, 66
当期純損失 ………………………………35
当期純利益 ………………………34, 65, 116, 118
当座資産 …………………………………135
当座比率 …………………………………135
特別損失 ……………………………44, 65, 69
特別利益 ……………………………44, 65, 69

＜ハ＞

発生主義 …………………………………47
販売費及び一般管理費 …………………40
費用 ……………………………34, 35, 78, 88
負債 ………………………21, 22, 35, 78, 106
フロー ……………………………77, 88, 112, 133
プロジェクト ……………………………12
ベクトル ……………………………23, 27, 36
　───の長さ …………………………46, 80
　───の要素 …………………………23, 81
本業 ………………………………………41

＜マ＞

未実現 ……………………………………117
持分法による投資損失 …………………108
持分法による投資利益 …………………108

＜ヤ＞

有価証券報告書 …………………………46

＜ラ＞

利益 …………………………………26, 34
リストラ …………………………………65
流動資産 ……………………………30, 31, 134
流動性 ……………………………………136
流動比率 …………………………………134
流動負債 ……………………………30, 134
連結損益計算書 …………………………47, 108
連結貸借対照表 …………………………47, 140

《著者紹介》
真鍋明裕（まなべ・あきひろ）
1978年生まれ。
京都大学経済学部卒業。京都大学大学院経済学研究科博士課程修了。
京都大学博士（経済学）。
現在，神奈川大学経営学部国際経営学科准教授。

主要著書
『会計の基礎ハンドブック』（共著）創成社，2008年，改訂版2011年。
『わしづかみシリーズ 新会計基準を学ぶ』第1巻，第2巻（共著）税務経理協会，2008年。

（検印省略）

2015年3月20日 初版発行　　　　　　　　　　　　略称—「R」で学ぶ

「R」で楽しく学ぶ
会計学・経営分析

著　者　真　鍋　明　裕
発行者　塚　田　尚　寛

発行所　東京都文京区　　株式会社　創　成　社
　　　　春日2-13-1
　　　電　話 03（3868）3867　　F A X 03（5802）6802
　　　出版部 03（3868）3857　　F A X 03（5802）6801
　　　http://www.books-sosei.com　振　替 00150-9-191261

定価はカバーに表示してあります。

©2015 Akihiro Manabe　　　　　　組版：でーた工房　印刷：亜細亜印刷
ISBN978-4-7944-1487-8 C3034　　製本：宮製本所
Printed in Japan　　　　　　　　落丁・乱丁本はお取り替えいたします。

―――― 簿記・会計選書 ――――

「R」で楽しく学ぶ 会計学・経営分析	真鍋 明裕	著	2,000円
会計の基礎ハンドブック	柳田 仁	編著	2,600円
会計原理 ―会計情報の作成と読み方―	斎藤 孝一	著	2,000円
IFRS教育の実践研究	柴 健次	編著	2,900円
IFRS教育の基礎研究	柴 健次	編著	3,500円
現代会計の論理と展望 ―会計論理の探究方法―	上野 清貴	著	3,200円
簿記のススメ ―人生を豊かにする知識―	上野 清貴	監修	1,600円
複式簿記の理論と計算	村田 直樹／竹中 徹彦／森口 毅彦	編著	3,600円
複式簿記の理論と計算 問題集	村田 直樹／竹中 徹彦／森口 毅彦	編著	2,200円
非営利組織会計テキスト	宮本 幸平	著	2,000円
社会的責任の経営・会計論 ―CSRの矛盾構造とソシオマネジメントの可能性―	足立 浩	著	3,000円
社会化の会計 ―すべての働く人のために―	熊谷 重勝／内野 一樹	編著	1,900円
キャッシュフローで考えよう！ 意思決定の管理会計	香取 徹	著	2,200円
活動を基準とした管理会計技法の展開と経営戦略論	広原 雄二	著	2,500円
ライフサイクル・コスティング ―イギリスにおける展開―	中島 洋行	著	2,400円
アメリカ品質原価計算研究の視座	浦田 隆広	著	2,200円
会計不正と監査人の監査責任 ―ケース・スタディ検証―	守屋 俊晴	著	3,800円
監査人監査論 ―会計士・監査役監査と監査責任論を中心として―	守屋 俊晴	著	3,600円

（本体価格）

―――― 創成社 ――――